B-플레이어 위한
성공의 재발견

B-플레이어 위한
성공의 재발견

2011년 12월 20일 초판 인쇄
2011년 12월 25일 초판 발행

지은이 | 노명화
펴낸이 | 이찬규
교정교열 | 정난진
펴낸곳 | 북코리아
등록번호 | 제03-01240호
주소 | 462-807 경기도 성남시 중원구 상대원동 146-8
　　　우림2차 A동 1007호
전화 | 02-704-7840
팩스 | 02-704-7848
이메일 | sunhaksa@korea.com
홈페이지 | www.bookorea.co.kr
ISBN | 978-89-6324-154-8 (93320)

값 13,000원

* 본서의 무단복제를 금하며, 잘못된 책은 바꾸어 드립니다.
* 이 도서의 국립중앙도서관 출판시도서목록(CIP)은 e-CIP홈페이지(http://www.nl.go.kr/ecip)와
　국가자료공동목록시스템(http://www.nl.go.kr/kolisnet)에서 이용하실 수 있습니다.
　(CIP제어번호: CIP2011005638)

개천에서 용이 될 수 있는 희망의 메시지

B-플레이어 위한
성공의 재발견

노명화 지음

북코리아

들어가면서

사람은 누구나 성공을 꿈꾼다. 그래서 열심히 노력한다. 다른 사람보다 더 많은 '권력, 명예, 그리고 부'를 갖기 위한 성공에 대한 욕망 때문에 인류는 지금처럼 발전했으리라. 어찌 보면 성공을 얻기 위한 노력은 인간의 삶 그 자체이다. 그럼에도 성공은 모든 사람에게 똑같이 주어지지는 않는 것 같다. 그렇게도 힘든 게 성공이다.

그런데 유명 연예인이 방송에 나와 다음과 같이 말했다. 성공 비결을 물으니 "어느 날 눈을 떠보니 하루아침에 스타가 되어 있었다."고 답했다. 이렇게도 얄미울 수가…. 보통 대부분의 성공한 사람들은 "성공을 위해 다른 모든 것을 희생해 가면서 정말 열심히 노력했다."고 말하곤 한다. 그들이 그렇게 말하면 우리는 '내 노력이 많이 부족하구나. 앞으로 좀 더 노력해야지!'라고 반성하면서 그 사람의 노력에 경의를 표한다. 그런데 하루아침에 성공했다니 이 얼마나 얄미운 사람인가?

사실 대부분의 보통 사람도 성공을 위해 많은 걸 희생하면서 노력하지 않는가? 다만 스스로 노력이 조금 부족했다고 생각하면 그나마 위로가 되는데 '노력도 안 하고 성공했다'니 다른 사람은 조금도 생각하지 않는 이 얼마나 오만방자한 발언인가 말이다.

그러나 현실은 분명히 놀면서 성공한 사람도 있고, 머리가 부족해도 성공한 사람이 있으며, 정말 가진 것 하나 없이 성공한 사람도 의외로 많다.

그들은 도대체 어떻게 성공했는가? 그것이 바로 필자가 이 책을 쓴 이유이다. 사실 '어떻게 하면 성공할 수 있을까?'는 대다수 사람들의 관심을 끌기에 충분하다. 다른 나라보다 우리나라에서 유독 성공에 대한 관심이 지대하다. 어쩌면 그렇기 때문에 우리나라가 그 어려운 상황에서도 지금의 성취를 거둔 것이 아니겠는가?

사회 전반에 걸쳐 성공에 대한 관심과 열망이 넘쳐나고 있다. 가정에서, 학교에서 부모와 교사들은 자신의 아이들과 학생들에게 성공을 기대하고 독려한다. 그리고 우리 스스로도 성공과 관련된 서적들을 통해 자신을 발전시키고 부족한 부분을 보충하고자 노력한다.

대체로 우리는 성공에 대한 특별한 노하우를 얻기 위해 사회적으로 성공한 사람들이나 성공을 연구한 전문가들을 통해 그 비법을 터득한다. 그러니 헤아릴 수 없이 많은 성공 관련 책들이 출판되었고 수많은 사람이 읽어왔다.

그럼에도 우리 주변에서 성공한 사람들을 찾기는 쉽지 않다. 아직도 수많은 사람이 성공학 책들을 읽고, 그 책들이 불티난 듯 팔리고 있는데도 말이다.

'경쟁이 치열해서일까?'

'머리가 부족해서? 가진 것이 없어서?'

'부지런하지 못하고 작심삼일을 넘기지 못해서?'

그런데 세상에는 그런 사람들도 성공한다. 그럼 나는 뭐야? 무엇이 부족한 거야? 그러면서 좌절하길 반복한다. 그리고 성공학 책을 뒤적인다. 그런데 대부분의 성공과 관련된 책은 게으르고 부지런하지 못한 사람이, 아니 독하지 않은 사람이 성공하는 방법은 없다. 게다가 노력하지 않고 성공할 수 있으리라는 생각 자체가 글러먹은 것이라고 한다.

웅대한 꿈과 비전을 가지고 열심히 살고, 노력하고, 성공할 수 있다는 확신, 긍정적인 마인드로 무장하면 성공한다고 대부분의 책이 전한다.

그러나 솔직히 이 지침들을 꾸준히 실천하기란 그리 쉬운 것이 아니다. 도대체 성공비법을 읽고 그대로 실천해서 성공한 사람이 몇이나 될까? 사실 그것도 의문이다.

필자가 기존의 성공 관련 서적에 기초해서 성공한 사람들을 연구해본 바로는 대체로 성공하려면 다음 세 가지 중 하나는 확실해야 하는 것 같다.

첫째 머리가 좋거나, 둘째 지독하거나, 셋째 재빨라야 성공한다는 것이다. 남들보다 머리가 좋으면 일찍이 학업에 두각을 나타내 학문을 통해 성공의 길로 접어들 수 있다. 지독한 사람들은 끈기 있게 일의 끝을 보는 사람들이다. 성공할 가능성이 높은 사람들이다. 재빠른 사람들도 세상의 변화에 잘 적응하고 기회를 잘 포착해 보통 사람보다 성공하기 쉽다.

냉정하게 말하면 필자는 이 세 가지 중 변변하게 내세울 만한 게 한 가지도 없다. 기본적으로 착하긴 하지만(순전히 내 생각이지만…) 성격이 모질지 못해 때로 게으르고, 여러 상황과 쉽게 타협한다. 기회의 순간에 우왕좌왕하고 고민하는 사이, 그 절호의 기회는 다른 사람의 몫이 되기도 한다.

그렇기에 필자는 아직까지도 성공에 관심을 갖고 있는 것 같다. 그리고 대부분의 보통 사람도 필자와 같지 않겠는가? 만일 독자 중에 필자의 생각과 다르다면 부디 이 책을 덮기 바란다. 이 책은 필자와 같이 평범하면서 성공을 꿈꾸는 사람들을 위한 책이기 때문이다. 능력자인 그대들과는 맞지 않을 것이다. 그대들에게 맞는 전략은 다른 책에 있다. 물론 전혀 도움이 안 되는 것은 아니겠지만….

얼마 전에 재미난 대화가 인터넷에 회자된 적이 있다. 혼기가 찬 어느 처자와 그 어머니의 대화이다. "가정 형편은 별로인데 사람 하난 건실하대…. 열심히 노력해서 변호사가 되었다는데…, 너 그 사람이랑 선 한번 봐라."라는 어머니의 말에 딸에게서 돌아온 답변이 걸작이다. "그렇게 어려운 환경에서 성공했다면 독한 놈이네. 나 독한 남자 싫어"라고….

사실 이 대목에서 위로받았다. 난 독한 사람이 아니니까! 아마도 지금의 아내가 나를 택한 이유인 듯하다. 독하지 않고 착하니까 나를 선택했나 보다. 어쨌든 이 대화에서 보듯이 성공하려면 일단 독해야 하는 것 같다.

그러면 이 시대 화제의 인물 중 한 분인 안철수 씨는 독해서 성공했나? 직접 만나서 물어보진 않았지만 여러 매체를 통해 접한 정보로는 독한 사람은 아닌 것 같다. 독하지 않고도 성공할 수 있다는 건데, 하긴 뭐 뛰어난 머리를 갖고 능력이 출중하시니 독하지 않아도 되겠지! (요즈음 가끔 독한 모습도 있는 것 같다.) 물론 그분은 성품도 좋아 만인의 관심을 받고 있지만, 우리 보통 사람들하고는 거리가 있는 분 같다.

세상을 가만히 들여다보면 갑자기 성공한 사람도 있고, 나보다 게으른 것 같은데도 성공한 사람이 있으며, 독하지 않은데도 성공한 사람들이 있다. 참으로 다양한 사람이 다양한 방식으로 성공과 출세를 한다. 대체 이들은 어떻게 성공한 것일까? 이들의 성공에 공통적으로 내재된 키워드는 과연 무엇일까?

기존의 성공비법서는 저마다의 견해와 논리로 그 방법을 제시하고 있다. 그들이 주장하는 내용들이 틀린 것은 아니겠지만 필자는 보다 본질적인 비법을 찾고 싶었다. 무엇보다도 우리같이 보통 사람들, 즉 머리도 뛰어나지 않고 지독하지도 않으며 재빠르지도 못한 사람들에 통하는 비법을 알고 싶었다.

왜냐하면 필자 역시 다른 보통 사람과 마찬가지로 물려받은 것도 없고 가진 것도 별로 없다. 당연히 아이들에게 물려줄 것도 없다. 그렇다고 이런 나만 바라보는 아이들의 초롱초롱한 눈망울을 등지고 싶지도 않다. 대담하게 아이들을 사지에 던져놓고 "너 스스로 알아서 살아 남거라"라고 말할 만큼 배짱 있는 아빠도 못 된다. 그러니 최소한 우리 아이들이 사회에서 성공하고 출세하는 방법만이라도 알려주고 싶었다. 그래서 연구했고 드디어 비법을 발견했다. 그리고 이 비법을 우리 아이들, 좀 더 나아가 내 제자들에게만 알려주려

했다.

모두가 알면 비법이 아니니까! 비법은 비밀일 때만 가치가 있다. 사실 그 비법이 알려지면 별거 아닌 경우가 많다. 그러니 어쩌면 성공을 세상에 제시한 많은 사람도 진짜 비법은 자기 자식들에게만 알려주고 일반 독자나 대중에게는 평범한 얘기, 실행하기 어려운 것만 제시한 것은 아닐까? 그래야 내 자식만 성공할 수 있으니까….

그러나 그럼에도 필자는 이 비법을 공개하려 한다. 그 이유는 여기 제시하는 비법은 모든 사람이 각자 자기 방식대로 성공할 수 있는 방식이며, 그럴 때 우리 사회가 더욱 풍요로워지고 다양해질 수 있다는 믿음이 생겼기 때문이다. 또 그런 사회가 되면 우리 아이들에게도 훨씬 더 좋은 세상이 될 것이라는 확신도 생겼다.

필자가 누설하려는 천기는 기존의 성공학에서 제시한 것들과는 차이가 있다. 여기 제시하는 천기, 즉 비법은 치열한 경쟁사회에서, 1등만 기억하는 세상에서 우리 같은 보통 사람들이 승리하는 방법에 관한 것이다.

필자는 성공을 자기만족이나 주관적 행복에 관한 것으로 해석하고 싶지 않다. 물론 주관적인 성공과 자기만족도 출세이고 행복이지만, 왠지 경쟁의 룰에서 벗어난 사람들의 자기 위로라는 생각이 들기 때문이다.

그래서 필자는 사람들이 흔히들 인정하는 성공, 출세했다고 인정할만한 성공, 다시 말해 부와 명예 그리고 권력에 대해 말하고자 한다. 그래야 여기서 제시하는 비책이 효용이 있지 않겠는가?

이 책은 현명하게만 노력한다면 우리 모두 성공할 수 있다는 메시지를 담고 있다. 그리고 이는 개천에서 용이 되고자 꿈을 꾸는 이 시대 모든 평범한 B-플레이어인 우리와 우리의 아이들을 위한 희망의 메시지가 될 것임에 틀림없다고 확신한다.

청운의 꿈을 꾸었던
보라매공원 언덕에서
노명화

CONTENTS

들어가면서 ·· 5

1 성공 방정식 ·· 17

1. 상황인식, 오늘날 우리에게 성공이란? ······················· 19
1) 성공이란 무엇인가? ··· 19
2) 성공한 사람 그리고 B-플레이어! ······································ 22
3) 왜 성공하려고 하는가? ·· 27

2. 게임의 법칙과 성공 방정식 ··································· 33
1) 그들만의 리그와 그 속에서 허덕이는 우리 ················ 33
2) 상황에 따라 다른 게임의 법칙 ·· 37
3) 강자와 싸우는 보통 사람의 성공전략 ···························· 44

2 보통 사람들의 성공전략 ······························ 53

Session 1 '나'만의 상품을 만드는 과정 ························ 56
전략 1. 나만의 자산으로 승부하자 ······································· 59

1) 세상은 불평등하다 ·· 59
2) K-1 같은 세상 ·· 63
3) 이 세상에 '루저'는 없다 ·· 66
4) 우리 모두 '위너 DNA'를 가졌다 ···································· 70
5) '불평등'도 나를 위해 '준비된 것'이다 ··························· 72
6) '나만의 승리 DNA'를 찾자 ·· 76
7) 남의 것을 부러워하면 지는 거다 ···································· 82

전략 2. 졸병 승리의 Key, 차별화 ···································· 88
1) 우리를 슬프게 하는 1등만 기억하는 세상 ···················· 88
2) 차별화는 나의 영역을 찾는 일에서 시작된다 ··············· 90
3) 자연계의 생존법칙, 차별화 ·· 92
4) 졸병이는 어떻게 후손을 남길까? ·································· 94
5) 신세를 한탄하지 말고 자신을 신뢰하자 ······················· 96
6) 차별화로 승부한 사람들 ·· 99
7) 능력자들도 활용하는 차별화전략 ································103

전략 3. 조직의 보호 아래 내공을 쌓는다 ······················110
1) 뭐니 뭐니 해도 실력이 최고다ㅋ ·································110
2) 조직을 통한 생존과 번영 ··114

CONTENTS

    3) 조직을 떠나는 순간? 제명이 된다! ·························· 117
    4) 조직은 우리를 키워주는 학교다 ······························ 120
    5) 등골만 빼먹는 상사라도 도움이 된다 ······················ 123
    6) 조직에 공헌하며 나를 발전시킨다 ··························· 125
    7) 조직이 무상으로 주는 '기회'를 철저히 활용하라 ········ 129

전략 4. 원군을 만들어라 ·· **135**
    1) 네트워크가 대세다 ··· 135
    2) 자연계의 지식 네트워크 ··· 139
    3) 능력자도 필요한 수단 ·· 142
    4) 평범한 사람들의 연줄? ·· 143
    5) 원군이 많은 자가 승리한다? ·································· 147
    6) 거대 조직의 강력한 대항마, 네트워크 ···················· 149
    7) 이 시대의 진정한 원군, 집단지성 ··························· 152

Session 2 **'나'라는 상품을 판매하는 방식** ······················· **158**

전략 5. 우회를 통해 주도권을 잡아라 ··························· **161**
    1) 타이밍이 인생을 좌우한다 ····································· 161
    2) 승리의 핵심은 주도권이다 ····································· 163

3) 주도권은 내게 유리한 방식으로 싸울 때 확보된다 ······167
　　4) 주도권은 선점하는 것이다 ····································169
　　5) 한번 잃은 주도권은 좀처럼 회복하기 힘들다 ···············173
　　6) 돌아가는 것이 빨리 가는 것이다 ·····························174
　　7) 적의 균형을 무너뜨리고, 자신감으로 돌파하자 ···········176

전략 6. 튼튼한 뿌리에 기초한 조심스러운 가지 뻗기 ········ **181**
　　1) 어디로 향해 나아갈 것인가? ··································181
　　2) 모두에게 같지 않은 가지 뻗기 ·······························184
　　3) 마음을 비우자 ···188
　　4) 허황된 꿈보다는 현실에서 찾자 ······························193
　　5) 능력에 기반을 둔 '조심스러운 가지 뻗기' ···············196
　　6) 할 수 있는 것, 가장 자신 있는 것부터 ······················201
　　7) 파랑새는 가까이 있다 ··203

전략 7. 승부의 순간엔 행동하면서 생각하자 ····················· **208**
　　1) 한 치 앞도 보기 어렵고, 뜻대로 되지 않는 세상 ········208
　　2) 그래서 희망이다! ··211
　　3) 햄릿보다는 돈키호테처럼 ·····································213
　　4) 군사적 천재와 용기 ···218

CONTENTS

　　5) 가슴이 뛰어야 용기가 생긴다 …………………………221
　　6) 작심삼일 극복? 악이나 깡보다는 재미로………………225
　　7) 미쳐야 미친다 ………………………………………………227

3 전략의 종합 ……………………………………… 233

인물을 통해 본 7가지 성공전략 ………………………235

나가면서 …………………………………………………………245
참고자료 …………………………………………………………251

성공 방정식

1.
상황인식, 오늘날 우리에게 성공이란?

> 성공할 것이라 믿어라.
> 그러면 성공할 것이다.
>
> 데일 카네기

성공이란 무엇인가?

무엇이 성공인가? 꽤나 많이 생각했던 주제이지만 그렇다고 명확하게 '그래 바로 이런게 성공이야'라고 결론을 내렸던 적은 없는 것 같다. 그래도 사람들은 성공이 무엇이냐는 질문에 대체로 다음 세 가지를 꼽는다. 그것은 돈, 명예, 권력이다.

돈은 대부분이 첫 번째로 꼽는 성공이라는 승리의 전리품이다. 물론 돈 자체가 성공의 목표가 되기도 한다. 자본주의 사회에서 돈은 삶의 전부이다. 돈이 있으면 하고 싶은 것을 할 수 있다. 돈이 성공의 목표가 되는 것에 대해 부정적으로 보는 사람들도 돈의 역할까지 부정하는 것은 아닐 것이다. 돈이 많으면 좋은 일도 할 수 있기 때문이다.

이렇게 말했는데도 몇몇 사람은 끝까지 "돈이 다가 아니다"라고 목청을 높인다. 그냥 "맞는 말이다"라고 해줘도 되는데 그들은 꼭 토 달기를 좋아한다. 물론 '돈이 성공의 전부는 아니다.' 정확하고 옳은 지적이지만 그러나 돈이 필요하다는 데 이의를 달 사람도 없을 것이다. 사실 그들도 돈의 필요성을 모르는 바는 아닐 것이다. 혹 속으로는 더 중요하다고 생각하는 것은 아닐까?

그러면 "돈 말고 뭐가 있는데?"라고 물으면 서슴없이 "권력! 그거면 다 돼!"라는 분들도 있다. 권력을 위해 여의도에서 평생을 바친 사람들은 돈보다는 권력을 성공의 척도로 삼을 것이다. 그러나 꼭 그분들만 권력을 추구하는 것은 아니다.

권력에 대한 갈구는 우리 모두에게 내재되어 있다. 공무원, 군인들도 더 높은 권력을 얻으려 피나게 노력하고 있으며, 평범한 직장인들도 직장 안팎에서 영향력을 갖고 싶어 하고, 갖게 되면 휘두르고 싶어 한다. 하물며 집안에서 헤게모니를 잡고자 신경전을 벌이고 있는 남편과 아내도 권력을 탐한다.

"왜 권력을 잡으려 하나?"라는 질문에는 '좋은 일을 하기 위해'라고 답한다. 정말 멋있는 말이다. 그럴 때 권력은 진정 아름다운 목표가 된다. 사람들이 권력을 추구하는 이유가 정말로 그런 것이었으면 좋겠다. 권력을 희망하는 자들이 자신의 이익보다 더 큰 일, 더 좋은 일을 위해 권력을 행사했으면 한다.

그런데 모든 사람이 다 권력을 추구하는 것 같지는 않다. 돈도 싫고, 권력도 싫어하는 참으로 이상한 사람들도 있다. 명예를 소중하

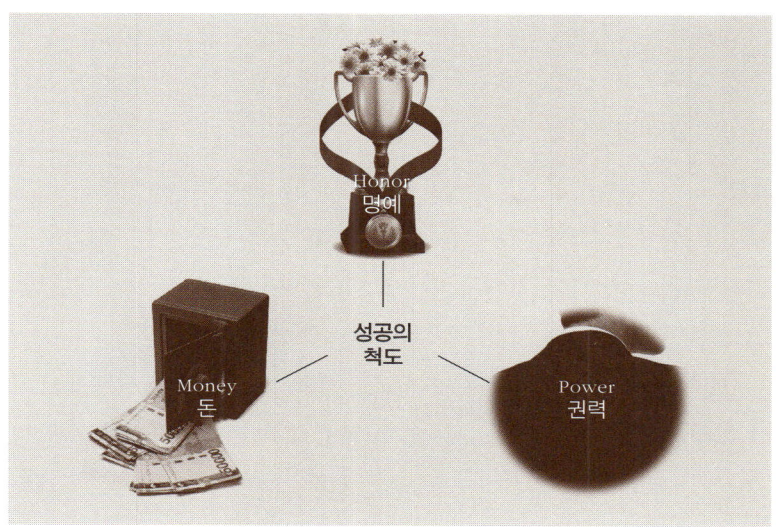

〈성공의 3가지 척도〉

게 생각하는 사람들이다. 명예는 기본적으로 수동적이고 내면적이다. 명예를 중시하는 사람들은 명성에 누가되는 일, 이름을 더럽히는 일을 목숨보다 더 중하게 생각한다.

명예를 추구하는 사람들은 자기 이름에 운명을 거는 사람들이다. 새로운 학설, 발명, 발견으로 이름을 날리고 싶어 하는 학자, 전문가들이 많다. '자기 이름에 먹칠하지 않는 삶이 성공한 삶인가?'라는 의문이 들기도 하지만, 이름을 드높이는 것은 분명히 성공한 삶에 가까운 것이리라.

지금까지 언급했듯이 성공을 확인하는 척도는 돈, 권력, 그리고 명예이다. 물론 다른 것도 있을 수 있겠지만 이 세 가지는 많은 사람이 공감하는 성공의 대표적인 상징물이다. 어느 직종이든 어떤 사람이든 공부를 한 사람이든 그렇지 않은 사람이든 남자든 여자든 모든 사람이 보편적으로 추구하는 성공의 겉으로 드러난 목표이며 성공의 또 다른 이름이다.

사실 이들은 대단히 밀접한 관련이 있어서 어느 하나를 취하면 나머지 것들을 그리 어렵지 않게 취할 수 있는 속성이 있다. 권력을 가지면 돈도 생기고 명예도 따라오며, 돈이 있다면 명예와 권력도 얻기 쉬워 이 삼자는 서로 친인척 관계다.

다만 명예는 다소 거리가 있어 보이지만 그래도 보통 사람들보다는 다른 것에 훨씬 더 가까이 접할 수 있다. 그래서 사람들은 이 셋 중 어느 한 가지에 우선적으로 집중한다. 그런 다음 나중에 상황을 보고 그에 따라 나머지 것들을 취하려고 하는 사람들이 많다. 물론 세 가지를 모두 갖게 되면 위험한 상황에 처할 수도 있지만 인간의 끝없는 욕심은 그러한 위험에 눈과 귀를 막는 일이 종종 있다.

성공한 사람 그리고 B-플레이어!

대중매체를 통해 보는 성공한 사람들은 대체로 다음과 같다. 한 분야에서 정점에 이른 사람, 특히 김연아, 박지성, 박태환 같은 스포츠 스타는 성공한 사람을 넘어 우리의 우상이다. 방송에 자주 나오는 연예인도 일반인과는 다른 성공한 부류로 취급한다. 물론 자기들 스스로 세상을 두 계급(보통 사람과 연예인)으로 분류하는 오만을 부리기도 하지만 그래도 죽자하고 쫓아다니는 팬도 있고, 사회적으로 인기있고 돈도 많이 번다. 성공한 사람들 리스트에는 유명 기업인들도 당연히 포함된다. 사업을 통해 자수성가한 사람들, 벤처창업가, 그리고 대기업 사장단에 포함된 사람들이 그들이다. 전문직 종사자들 또한 성공한 사람들이다. 변호사, 의사, 정치인, 그리고 고위 공무원들도 포함된다. 교수나 교사 중에도 성공한 부류에 넣을 수 있는 사람들이 꽤 된다. 그러고 보니 성공은 직업과 연관된다. 그리고 그 직업은 어릴 적 학업과 강하게 연관된다. 그러니 우리 부모님과 선생님들이 그렇게도 열심히 공부하라고 하는가 보다. 공부를 잘해야 좋은 직업을 가질 수 있고, 그러면 돈을 많이 벌고 출세할 수 있다는 공식이 이 사회 전반에 퍼져 있다. 당연한 말이다.

이제 좀 더 구체적으로 성공한 사람들에 대해 살펴보자. 공부를 잘해야 성공한다고 했는데, 먼저 우리 아이들이 좋아하는 연예인을 보자. 그들은 공부를 잘했을까? 물론 연예인의 좋은 학력이 가끔 입에 오르내리긴 하지만 이들 중에는 아주 초보적인 상식과 소양이 부족한 사람들도 꽤 된다. (이 말도 집단 모독죄에 해당하나? 난 그저 부러워서 하는 말이다.) 그래도 그는 스타이고, 돈도 많이 벌고, 따르는 무리도 많다. 그가 무식한 것은 그의 스타성에 전혀 문제가 되지 않는다. 오히려 더 매력적(백치미는 사람을 끄는 매력이 있다. 오죽했으면 그 자체도 아름다움이라 했을까?)으로 보일 뿐이다. 공부 안 해도 돈 많이 벌고 출세한 사람들이다. 공부만으로 출세하는 것은 아닌 듯싶다. 어쩌면 돈을 크게 벌려면 공부와 적정거리를 유지하고 일찍이 산업전선에 뛰어들어야 하는 게 맞는지도 모른다. 과거와는 다르게 스포츠 스타들이 대학 진학보다는 프로팀을 선호하고 있다. 외국에서는 이런 스포츠 선수에게도 학업을 병행토록 한다는데 그러면 공부도 잘해 운동도 잘해 아마도 더 배가 아프고 미워질 것 같다. 아무튼 과거 스포츠 선수들은 오늘날처럼 이렇게까지 뜨진 못했다(아, 차범근 씨는 예외. 내 우상이니까). 그저 한때 반짝하다가 사라지는 그런 사람들이었다. 그런데 요즘 이들의 인기는 웬만한 연예인 못지않다. 거기다가 돈도 많이 번다.

공부 안 해도 돈을 많이 버는 사람들이 생겨나고 있다. 한때 김연아 선수의 성적표가 공개된 적이 있었지만 그녀의 유명세와 명성에는 조금도 누가 되지 않았다. 그렇지만 그들은 열심히 노력하는 사람들이다.

또 다른 그룹의 성공한 사람들이 있다. 기회포착을 참 잘하는 사람들이다. 능력도 고만하고, 지독히 노력하는 것 같지도 않은데 세상의 변화를 읽고 발 빠르게 대응하는 사람들이다. 남들은 우왕좌왕 고민하고 있을 때 이들은 벌써 저만치 가 있다.

대체로 사업을 하는 사람들이나, 벤처기업가들이 여기에 포함되고, 주식투자나 부동산 투자로 큰돈을 번 사람들도 그런 사람들이다. 다소 도가 지나치면 위험한 사람 취급받기도 하지만 기회와 위험 사이의 경계선에서 줄을 탈 줄 아는 뛰어난 사람들이다.

이렇듯 성공에 절대적으로 필요한 능력은 '천재적인 머리, 지독한 끈기와 노력, 그리고 뛰어난 상황판단과 임기응변'이다. 이러한 능력은 치열한 경쟁구조 속에서 성공한 1등들의 일반적 특징이다.

그러니 성공을 위해서는 무엇이든 하나는 1등이 될 만한 능력을 가져야 하지 않겠는가? 사실 그러기에 우리는 어릴 때부터 천재를

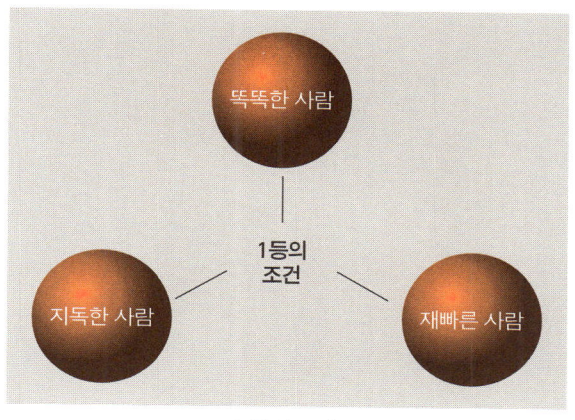

〈1등의 조건〉

부러워했고, 지독한 끈기와 노력을 가진 사람들을 존경했으며, 뛰어난 상황판단과 임기응변에 능한 사람을 시기해 왔다.

어느 것 하나 우리 보통 사람들이 갖지 못한, 그리고 나와는 거리가 있어 보이는 능력들이었기 때문이리라.

그렇다면 이 책의 제목에서 필자가 제시한 B-플레이어는 누구인가? 사실 이 용어는 GE의 전 회장인 잭 웰치가 구조조정을 위한 용어로 제시한 것이다. 그는 활력곡선Vital Curve이라는 것을 만들어, 조직원들을 A, B, C 세 등급으로 나누었다.

A-플레이어는 조직에서 최고의 성과를 내는 핵심정예 인력으로 대체로 조직의 상위 20%를 그렇게 불렀다. C-플레이어는 부진한 성과를 내는 하위 10%에 속하는 구성원들로, 구조조정 대상들이라고 정했다. 나머지 중간에 속한 70%를 B-플레이어라고 한다. 이들

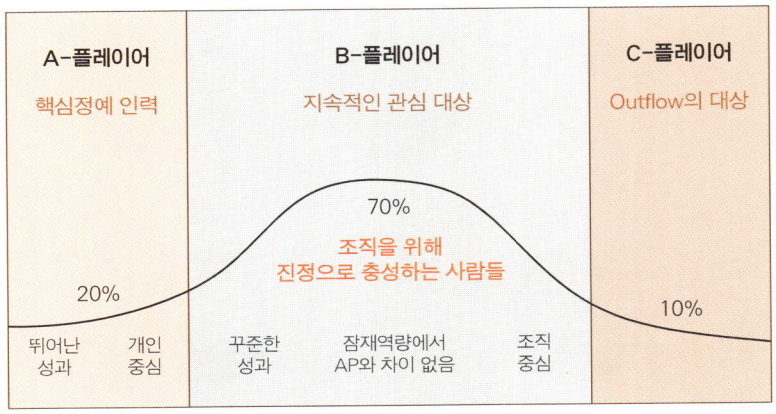

〈GE의 활력곡선과 B-플레이어〉

은 보통 사람들이다. 필자 역시도 B-플레이어를 보통 사람으로 생각한다. 잭 웰치는 사실 이들도 언제든 구조조정 대상이 될 수 있는 요주의 인물들이라고 한다. 성과를 내지 못하는 순간 C-플레이어가 되고 조직에서 제명될 수 있으니 말이다. 물론 열심히 하면 A-플레이어가 될 수 있기도 하다.

자세히 보면 B-플레이어들은 뛰어난 성과를 보이진 않지만 조직에서 묵묵히 자신의 일을 하는 사람들이다. 그들은 보상보다는 양보에 익숙한 사람들이며, 개인보다는 조직의 가치를 우선으로 생각하는 사람들이다. A-플레이어들이 자신의 이해관계를 중심으로 움직이는 사람들이라면 B-플레이어들은 조직을 위해 진정으로 충성하는 사람들이다. 이들이 없으면 A-플레이어도 없다.

그래서 필자는 A-플레이어보다 B-플레이어에게 관심을 갖는다. A-플레이어들은 누가 관심을 갖건 상관없이 자신들의 길을 가지만

B-플레이어들은 조직과 세상의 관심 여부에 따라 그들의 성과가 달라진다. 필자가 그들에게 관심을 갖는 이유가 바로 이 때문이다. 무엇보다도 B-플레이어는 바로 필자 자신이며, 우리 대부분의 보통 사람이기 때문이다.

왜 성공하려고 하는가?

세상은 넓고 사람들도 다양하다. 앞서 제시했듯이 우리는 보통 돈, 권력, 명예와 성공을 동일시한다. 어쩌면 이 세 가지를 위해 성공하려고 한다. 그것 자체가 목표인 사람들이 대부분일지도 모른다. 그러나 한편으로 "그 세 가지를 왜 얻으려 하는가?"라는 질문을 던져보면 세 가지가 아닌 다른 것들이 거론되기도 한다. 어떤 이들은 가족의 행복, 자기만족, 사회적 인정 같은 것들이 성공의 이유라고 한다.

그러다 보니 사람들 중에는 돈, 권력, 명예라는 세 가지가 충족되지 않아도 성공했다고 생각하는 사람들이 있다. 이들은 다른 사람들이 성공했다고 인정하지 않았는데도 자기 스스로 성공했다고 하는 사람들이다.

이 특별한 사람들은 외부로부터 보상과 인정이 없이도 스스로 만족과 행복을 찾는 사람들이다. 성공한 사람들 또는 성공을 추구하는 사람들과는 또 다른 훌륭한 사람들이다.

이는 명예를 내면적으로 추구하는 사람들에게서 대체로 나타나는 것 같으며, 조용한 가운데 마음이 여유로운 사람들에게서 발견할 수 있는 대표적 품성인 것 같다. 이런 사람들이 많을 때 우리 사회는 한결 넉넉해지지 않을까? (가만… 그러면 내가 성공학을 쓰는 의미도 없어질 것이니 꼭 좋은 것만은 아닌가?)

이 시점에서 우리는 성공의 대상과 목표를 구분할 필요가 있다. 이는 갖고 싶은 것과 그것을 왜 갖고 싶은가의 문제이다. 지금까지 우리는 갖고 싶은 것에 대해 얘기했다. 이제 그것이 왜 갖고 싶은가를 찾는 작업이 필요하다. 사실 우리 대부분의 사람이 갖고 싶은 것들, 즉 돈, 권력, 그리고 명예는 최종적인 것이 아닌 듯싶다. 이 세 가지는 내가 하고 싶은 그 어떤 것을 하기 위한 수단일 뿐이라는 것이다.

만일 그저 이 세 가지만 생각한 사람이 있다면 다음 질문에 답해주기 바란다. "돈, 명예, 권력을 다 가진 다음엔 무엇을 할 건데?"라는 질문에 말이다. 보통 사람들은 이 질문에 "왜 갖고 싶은가 하면 가족의 행복을 위해, 나 자신의 만족을 위해, 그리고 국가를 위해, 더 나아가 종교인은 하나님을 위해 이런 것들을 추구한다"고 답한다.

여기서 우리는 자신에게 또 다시 질문해봐야 한다. 내가 "궁극적으로 추구하는 목표를 위해서 돈, 명예, 그리고 권력이 반드시 필요한 것인가?"라고 말이다. 어떤 사람의 경우는 꼭 필요할 것일 수도 있고 또 어떤 사람의 경우는 반드시 그렇지 않을 수도 있다. 가족끼리 화목하고 행복을 위한다면 적정한 수준만 있어도 될 것이고, 나 자신의 만족만을 위한다면 꼭 진급과 승진이 다가 아닐 수도 있다. 지금 내가 하는 일에 만족하고 행복할 수도 있다.

필자는 가끔, 한 조직에서 정년까지 묵묵하게 조직을 위해 성실하게 사신 분들, 그들이 정말 훌륭한 분들이고 성공한 분들이라는 생각이 든다. 그들 때문에 그 회사, 사회, 국가가 지탱되어온 것이란 생각이 들 때가 한두 번이 아니다.

또한 성실하게 가정에 충실하고 행복한 사회구성원으로서 생을 마감하는 사람들도 충분히 존경받을 만한 가치가 있는 사람들이라고 생각한다.

그럼에도 우리 사회는 몇 안 되는 돈, 권력, 그리고 명예에 올인하도록 만든다. 어쩌면 우리 모두가 성공할 수 있는 그런 상황을 스스로 포기하는 것은 아닌지? 아니면 사회가 그런 걸 원하지 않은 건 아닌지?

그렇다고 사회가 문제이니 사회를 바꾸려고 꾸준히 노력해야 한다고 말하고 싶지 않다. 왜냐하면 개인이 세상을 바꿀만한 능력도 없고, 그럴 기회도 많지 않기 때문이다. 사회를 바꾸려는 의지가 없다면 이 세상에 만족하면서 살라고 말하고 싶지도 않다. 그만큼 우리의 삶이 무의미한 것도 아니기 때문이다.

우리는 나약하지만 가치 있는 존재이다. 그러니 우리 평범한 사람들도 이 세상에서 행복하고 성공해야 하지 않겠는가?

우리가 사는 세상이 버겁고 힘들어도, 그런 세상에서도 의미 있고 가치 있는 삶을 살아야 하지 않겠는가? 세상을 탓하기보다 그런 세상 속에서 남들처럼 성공해야 하지 않겠는가?

싸움을 걸어온다면 언제까지 회피하고 도망가기만 할 것인가? 때로는 기꺼이 싸워서 이겨야 하지 않는가? 패배가 자명한 싸움이 아니라 해볼 만한 그런 싸움이 되어야 하지 않겠는가? 바로 그런 싸움에서 이기는 방법을 이 책에서 제시하고자 한다.

> 천재성을 가진 자는 경탄의 대상이 되고,
> 부를 가진 자는 시기의 대상이 되며,
> 권력을 가진 자는 두려움의 대상이 되지만,
> 품성을 갖춘 자는 신뢰의 대상이 된다.
>
> 지그 지글러

- 성공에 절대적으로 필요한 능력은 '천재적인 머리, 지독한 끈기와 노력, 그리고 재빠른 상황판단과 임기응변'이다. 이런 능력은 치열한 경쟁구조 속에서 성공한 1등들의 일반적 특징이다.

- 성공의 척도는 돈, 권력, 그리고 명예이다. 이 셋은 많은 사람이 공감하는 대표적인 성공의 상징물이다. 성별, 직종, 학력에 상관없이 모든 사람이 보편적으로 추구하는 성공의 겉으로 드러난 목표이며 성공의 또 다른 이름이다.

- 돈, 권력, 명예는 어느 하나를 취하면 나머지 것들은 그리 어렵지 않게 취할 수 있는 속성이 있다. 권력을 가지면 돈도 생기고 명예도 따라오며, 돈이 있다면 명예와 권력도 얻기 쉽다. 이 삼자는 서로 친인척 관계이다.

- 그러나 돈, 권력, 명예라는 성공은 인생의 궁극적 목적이 아닌 수단이다.

● 주변에 있는 성공한 사람을 생각해봅시다. 그분을 존경하나요? 왜 그런가요?(존경하지 않는다면 왜 그런가요?)

● 그 사람은 당신보다 어떤 점에서 뛰어난가요? 똑똑한 사람인가요, 지독한 사람인가요, 아니면 재빠른 사람인가요?

● 그 사람은 보통 사람이었나요?

● 당신은 왜 성공하려고 하나요?

2. 게임의 법칙과 성공 방정식

> 실패는 성공의 궤도에서 벗어났음을
> 의미하는 것이 아니다. 그것은 단지
> 성공에 이르는 우회로를 타게끔 만들 뿐이다.
>
> 토머스 J. 빌로드

그들만의 리그와 그 속에서 허덕이는 우리

성공하려면 세상을 알아야 한다. 잘 알다시피 세상은 혼자 살아가는 곳이 아니다. 그래서 사람들은 공동체를 형성했다. 가족을 기초로 한 공동체는 태초에 인류가 이 험난한 세상을 헤쳐 나가기 위해 반드시 필요한 것이었다.

혼자 살 수 있는 사람은 대단한 사람이다. 혼자 험난한 세상을 살아가려면 로빈슨 크루소나 타잔같이 모든 것을 스스로 해결해야 하니 말이다. 사실 이 세상에서 혼자 외톨이가 된 사람들도 그들의 필요한 사항들을 대신 신경 써주는 든든한 배경(부모, 친구 또는 돈 등)을 가지고 있는 경우가 많다. 혼자 살 수 있는 사람은 지구상에 몇 안 된다.

태초부터 인간은 함께 어울려 공동의 위험에 대처했다. 자연재난과 맹수로부터의 안전은 함께 있을 때만 가능했다. 대지진과 재난에 대처하는 일본인들의 침착하고 의연한 모습에서 우리는 태초에 인간이 고난의 시기를 어떻게 슬기롭게 극복해 왔는지를 미루어 짐작할 수 있다.

이제 인류 공동의 적은 거의 사라졌다. 그렇다고 행복한 사회가 펼쳐지고 있는 것도 아니다. 이제 인류는 그들끼리 싸우고 있다. 사실 태초부터 인류는 공동으로 대처해야 할 외부의 적과 싸우면서도 획득한 자원을 가지고 우리 공동체에서 어떻게 분배할 것인가에 대해 반목과 갈등이 있어 왔다. 이제 외부의 위험이 잦아들자 공동체 내에서 제한된 자원을 가지고 더욱 심하게 경쟁하는 시대를 맞고 있다.

필자가 관심을 두는 것은 공동체 내부 상호간의 투쟁에 대한 문제이며 그 공동체에서 어떻게 살아남을까에 대한 얘기이다. 공동체에서 살아남으려면 그 공동체의 속성을 이해해야 한다. 괜히 엉뚱하게 헛다리짚으면 모든 것이 물거품이 되고 만다. 조심스럽게 세상이 어떤지를 파악하는 것이 우선이다.

강한 사람이 성공하는 것은 자연계의 법칙이나 공동체의 법칙이나 똑같다. 그래서 사회에서 승리하려면 날 때부터 기골이 장대하고 힘이 세야 했다. 그래야 자기의 몫을 빼앗기지도 않고 나아가 남의 몫도 가로챌 수 있었다. 부실하게 태어나면 먹을 차례도 주어지지 않는 경우가 많았다.

그러나 부실하게 태어난 사람들이 승리하는 경우도 있었다. 대개 그런 사람들은 '악발이'이거나 아니면 흔히 말해 '머리가 비상한' 사람들이었다. 힘이 약한 사람들이 승리하는 방식이다.

만일 머리도 좋지 않고 '악발이'도 아니라면 그저 힘센 사람의 곁에서 그의 기분을 맞추고 시중이나 들면서 안전을 의탁하며 편안한 삶을 살기도 했다. 힘이 약하고 가진 것이 없는 보통 사람들의 살아가는 방식이었다.

이제 세상은 많이 변했다. 과거처럼 튼튼하고 힘센 사람이 지배하는 세상이 아닌, 남보다 탁월한 능력을 발휘하여 성취한 돈, 권력, 그리고 명예로 무장한 사람들이 지배하는 세상이 되었다. 물론 스포츠 스타나 연예인을 보면 튼튼한 몸과 체력은 아직도 성공의 기반이긴 하다.

그러나 이런 사회에서도 우리는 돈도 없고, 빽도 없고, 머리도 뛰어나지도 못하고, 스펙도 변변치 못하다. 시대가 바뀌어도 우리 보통 사람들은 가진 것이 없다. 그러면 우리 B-플레이어들은 영영 루저looser로 살아가야 하나? 정말로 강자 또는 능력자들이 사는 세상 속에서 성공하는 방법이 없을까?

세상은 우리 보통 사람들에게는 가혹하기 그지없다. 너무나 복잡하고 치열해서 보통 사람들은 따라가기 벅찬 그런 세상이다. 1등만 기억하는 참으로 불평등한 세상이기도 하다. 게다가 세상이 어떻게 돌아가는지 알 수 없고 앞날이 예측도 안 되며 현재의 일도 뜻대로 되지 않는다. 혼란스러울 뿐이다.

　이런 세상에 살면서 성공한다는 것은 꿈같은 일이다. 우리 인생사는 성공보다 실패가 훨씬 더 많은 것이라고 위안도 해본다. 그러나 정작 열심히 노력한 것 같은데도 성공은 우리에게 너무 먼 곳에 있다.

　필자는 몇 년 전에 영광스럽게도 사법고시 수석을 하신 훌륭한 분을 만난 적이 있다. 그러나 그분과 얘기를 나누면서 좌절했다. 그분과 대화 중에 필자가 "세상사 참 뜻대로 안 되는 것 같네요"라고 했더니, 그 분은 단호하게 "세상사 모든 것은 나의 의지에 달려 있다."고 말했다. 나는 다시 "아니… 저… 그게 말이죠. 내가 열심히 노력하고 원해도 안 되는 것이 분명히 있어요!"라고 말했다. 그 분은 다시 "그것은 내가 간절히 원하지 않았고 열심히 노력하지 않았기 때문이다"라고 답했다. 절망감이 쓰나미처럼 밀려온 그때의 기억이 아직도 생생하다. 이 말에 절망하지 않는 사람은 정말 훌륭한 사람이다.

　사실 죽을 정도로는 안 했지만 그래도 어느 정도 할 만큼 했는데, 또 앞으로 더 죽자고 한다 해도 안 되는 것이 뻔히 보이는데 어쩌겠는가? 안 되는 것은 안 되는 것이 아닌가? 존경스럽지만 나하고는 다른 리그에 사는 사람이다. 절망을 주는 말이다. 그런데도 그는 자기 말이 내게 비수처럼 꽂히는 걸 모른다.

　우리 보통 사람들에게는 우리 리그에 맞는 언어가 있는 것 같다. 그래서 우리가 공감할 수 있는 언어로 전하고 싶다. 나는 현명하게 노력하는 방법, 경제적으로 노력하는 방법을 제시하고 싶다. 열심히 했는데 성과가 보잘것없다면 그 역시 절망스럽지 않은가?

물론 노력하지 않는 사람들은 자연적으로 실패의 길을 가는 사람들이므로 거론하지 않기로 한다. 필자나 독자들의 주 관심은 열심히 노력하지만 실패하는 경우가 아닌가?

열심히 노력하는데 왜 실패하는가? 끊임없이 노력하고 죽자고 하면 반드시 성공한다고 하는 사람들도 있다. 그런데 죽자고 노력해도 안 되는 사람들도 있다. 세상은 상황에 맞지 않으면 능력자라 하더라도 실패할 가능성이 높다. 그리고 과도한 욕심 때문에도 실패하고, 방향설정을 잘못해서도 실패하며, 타이밍이 안 맞아서도 실패한다. 또한 상황판단이 적절하지 못해서도 실패하고, 늘 투덜대고 불평하며 한탄하는 삐딱한 태도 때문에도 실패한다.

상황에 따라 다른 게임의 법칙

그러면 세상에 대한 이해도 어렵고 타고난 성품 때문에 실패를 자초하는 상황에서 이럴 땐 어떻게 살아야 하나? 어쩌면 '내일 일은 난 몰라요. 그저 하루하루 살아요'라는 찬송가 가사처럼 사는 것이 정답인 것 같은 세상이다. 정말로 우리 같은 보통 사람들이 살기에 세상은 너무도 힘들고 혼란스럽다.

차라리 안빈낙도(安貧樂道)의 삶도 좋을 것 같다. 그런데 가만히 보면 정말 그렇게 사는 사람들도 있다. 가진 것이 많아서도 아니고 능력이 뛰어나서도 아니다. 이런 험난한 세상 속에서도 편안하게 세상 물정 모르고 살아도 되는 부러운 사람들인 것 같다.

사실 그들 중에는 성공한 사람들도 꽤 된다. 노면서 성공하는 사람도 있고, 열심히 해도 실패한다. 그들은 도대체 어떤 사회에 살고 있기에 그런 차이가 생길까? 우리가 살고 있는 사회는 매우 다양하고 저마다 성공 방식과 기준도 다른 것 같다.

치열한 경쟁사회에서 살아남기 위해서는 전략에 대한 이해가 필수적이다. 이 대목에서 약간 골치 아픈 얘기를 할까 한다(꼭 배운티를 낸다니까, 머리 아픈 사람들은 이 부분을 건너 뛰어도 무방하다).

전략의 정수는 군사전략에 있다. 군사전략은 목숨을 걸고 투쟁하는 군대와 국가, 그리고 장수들의 승리에 관한 내용이다. 이기는 방법은 군사전략의 고전에서 찾을 수 있다. 클라우제비츠Carl von Clausewitz가 쓴 『전쟁론』의 핵심 개념인 마찰과 안개, 『손자병법』의 우직지계와 부전승 전략, 리델 하트Liddell Hart가 『전략론』에서 제시한 간접접근전략 등에서도 우리는 인생에서의 성공과 승리에 관한 분명한 메시지를 찾을 수 있다.

클라우제비츠는 말하기를 전투현장에서는 모든 전쟁계획이 무의미하며 전장의 불확실성을 극복해 내는 장군의 뛰어난 통찰과 직관인 군사적 천재성만이 절대적으로 요구된다고 하였다. 인생의 여정에서 겪게 되는 수많은 질곡은 전쟁터의 속성인 마찰과 안개, 그리고 불확실한 것과 다르지 않다. 보이지 않는 미래를 위해 용기를 갖고 인생을 헤쳐 나가는 우리에게도 군사적 천재성은 필요하다. 그 통찰을 클라우제비츠의 『전쟁론』에서 얻을 수 있다.

『손자병법』은 이기는 방법과 지지 않는 방법에 대한 내용이다.

이기기 위해서 적의 허점을 나의 강점으로 공격하라는 격언은 우리가 인생에서 두고두고 곱씹어야 할 것이다.

리델 하트는 20세기 최고의 군사전략가이자 평론가이다. 그의 간접접근전략은 클라우제비츠와 손자의 장점을 현명하게 채택하였다. 우회에 관한 손자의 격언을 그는 새로운 용어인 간접접근전략으로 재탄생시켰다. 인생의 치열한 투쟁에서 우회detour는 우리 보통사람들이 택할 수 있는 최상의 인생 성공전략이다.

승리에 대한 이들의 메시지는 오늘날 경영전략 분야에서 환경 분석과 핵심역량을 기반으로 하는 비즈니스 성공전략에 큰 통찰을 제공해주고 있다. 비록 경영전략이 조직단위의 성공 방식에 관한 것이긴 해도 개인이 적용해도 전혀 문제가 없는 비책들이다.

챈들러Alfred D. Chandler와 앤드루스Kenneth Andrews에 의해 정착된 SWOT 분석기법(Strength 강점, Weakness 약점, Opportunity 기회, Threat 위협)은 전략 연구의 토대를 제공한 것으로, 조직의 강점과 약점을 주변의 환경에서 오는 기회와 위기에 대응하는 것을 전략으로 정의했다.

이후 마일즈Miles & Snow 등은 환경과 능력의 상호 비교에 의해 조직이 선택할 수 있는 전략들을 설명하고 있다. 4가지 전략 유형은 공격형, 방어형, 분석형, 반응형이다. 또한 전략이 단순히 환경에 적합한 전략을 선택하는 것에서 벗어나 결정 주체의 의지에 달려 있다는 차일드J. Child의 전략적 선택의 개념도 이 책에 녹아들어 있다.

경영전략 분야의 구루GURU라 할 수 있는 마이클 포터Michael E. Porter의 저서『경쟁우위』의 핵심 개념인 차별화전략이 이 책에서 주장하는 성공전략의 근간을 이룬다. 경쟁우위와 경쟁전략은 동일한 산업에서 기업들이 어떻게 하면 경쟁기업을 상대로 싸워 가는가에 대한 비책으로 차별화전략, 비용우위 등의 개념을 제시하고 있다. 차별화전략은 동일한 방식과 자원으로 경쟁하는 것이 아니라 남과 다른 방식과 자원으로 승부를 거는 방법을 말한다.

바니Jay B. Barney 교수의 자원기반 관점에 입각한 '핵심역량' 개념도 이 책의 기저에 흐르고 있다. 핵심역량의 근본은 다양한 전략적 이점을 취하는 방법인 차별화전략의 연장선에서 더 나아가 남이 따라 하기 어려운 것, 베끼기 곤란한 것, 그리고 가치 있는 나만의 강점을 부각시키고 내가 가진 강점으로 승부를 거는 것을 말한다. 남들도 다 갖고 있는 것은 가치 있는 것이 아니며, 가장 가치 있는 자원은 남들이 가질 수 없는 나만의 고유한 것이라는 철학이 이 이론의 핵심이다. 인생의 핵심역량도 같은 맥락에서 찾을 수 있다.

최근 부각되고 있는 클레이튼 크리스텐슨Clayton M. Christensen 교수의 '파괴적 혁신전략'의 개념도 포함하고 있다. 그는 경쟁을 위해서는 싸움터를 바꾸는 것이 가장 확실한 방법이라고 말한다. 즉 내게 유리한 싸움터를 고르는 일, 새로운 블루오션을 찾아가는 일, 남이 일궈 놓은 텃밭에서 자기의 몫을 찾는 것이 아니라 더 넓은 세상에 나아가 주인 없는 땅과 바다를 내 것으로 만드는 것을 말한다. 그것은 새로운 시장과 새로운 상품으로, 기존의 시장과 상품의 지배적 위치를 파괴할 정도의 영향력을 갖는다. 이러한 방법은 인생 전략에서도 그대로 적용된다.

필자는 이러한 전략적 개념을 기초로 성공전략에 대한 분석에 들어갔다. 그래야 세상에 맞게 살고 실패하지 않으니까 말이다. 제일 우선적으로 고려한 것은 환경 분석이다. 우리가 처한 환경은 모든 사람에게 똑같지 않다. 어떤 이에게는 고통의 세상이기도 하지만 또 어떤 이에게는 기회의 세상이기도 하다.

그렇다면 환경적 차이를 어떻게 볼 것인가? 이런 차이들을 알아보기 위해서는 두 가지 관점과 기준으로 접근할 필요가 있다. 첫째는 사회적 역동성이고, 둘째는 공정성에 대한 것이다. 사회적 역동성은 그 사회가 얼마나 역동적으로 움직이느냐에 대한 것이다. 역동적 사회는 복잡한 사회이며, 다원화되고 네트워크화된 사회로 변동성이 심하다. 이러한 사회에서는 앞날에 대한 예측이 불가능하다. 앞으로의 상황에 맞게 대응하려면 치밀한 분석을 통해 환경에 맞는 전략과 역량들을 조합하며 성공을 추구해야 한다. 그런데 이렇게 변동성이 심한 상황에서는 전략이 딱 들어맞는 경우가 거의 없다.

공정성이란 사회를 보는 데 있어 중요하게 고려될 수 있는 또 하나의 기준이다. 물론 다른 시각으로도 세상을 볼 수 있지만 필자가 공정성을 제시한 이유는 경쟁의 법칙 때문이다. 흔히 말해 게임의 룰이 공정하면 불만도 적고 사회가 정한 규칙과 기준에 따라 살면 되지만, 게임의 룰이 공정하지 못하면 다양한 전략적 선택이 필요하기 때문이다.

이 두 가지 사회를 보는 기준, 즉 사회가 역동적으로 복잡하게 작동하는 사회인지 또는 공정한 룰이 작동하고 있는지의 기준으로 우리 사회를 보면 다음과 같이 4가지 유형으로 구분될 수 있다. 즉 역동적이면서 공정한 사회, 역동적이지만 불공정한 사회, 안정적이지만 불공정한 사회, 안정적이면서 공정한 사회이다. 이 유형은 한 국가에 내재된 전반적인 상황을 말할 수도 있지만 국가체계 내에 존재하는 다양한 사회를 보는 분석 도구로도 활용할 수 있다.

사회의 어떤 부분은 공정한 룰이 작동하면서도 역동적인 사회일 수 있으며, 또 어떤 영역은 불공정하면서도 안정적인 체제를 유지하고 있기 때문이다.

이렇듯 국가체계 내에서도 다양한 사회가 존재하기 때문에 그 사회 속에서 살아가는 사람들이 성공하는 방식도 다를 수 있다. 그럼에도 우리는 지금까지 특정 사회에서만 통용되는 성공 방식만을 고수한 경향이 적지 않았다.

필자의 분석에 따라 각 사회에서 성공 가능성이 높은 사람들의 유형을 살펴보면 다음과 같이 정리할 수 있다.

〈사회적 특성과 성공 유형〉

	불공정 사회	공정 사회
역동적	형편없는 자도 용(龍)이 됨 ① 재빠른 자 ② 똑똑한 자 ③ 부지런한 자	창의적인 자가 용(龍)이 됨 ① 똑똑한 자 ② 재빠른 자 ③ 부지런한 자
안정적	기득권 때문에 용(龍)이 되기 곤란함 ① 시키는 대로 열심히 하는 자 ② 재빠른 자 ③ 똑똑한 자	능력 있는 자만이 용(龍)이 됨 ① 부지런한 자 ② 똑똑한 자 ③ 재빠른 자

표에 의하면 똑똑하거나 부지런하거나 재빠른 것은 모두 성공에 중요한 요인이지만 사회적 상황에 따라 똑똑한 사람이 성공하지 못하는 상황이 있을 수 있고 열심히 해도 안 되는 상황이 있다. 다시 말해 기득권 때문에 똑똑한 사람도 쉽게 용이 되기 곤란한 상황에서도 성공하는 사람도 있으며, 형편없는 자도 성공할 수 있는 상황도 있다.

창의적인 능력은 세상이 빠르게 변화하고 복잡한 상황에서는 매우 필요한 능력이며, 공정한 사회에서는 부지런하고 똑똑한 사람이 우대받는 풍토가 정착되어 있다.

여기서 독자들은 다소 혼란스러울 것이다. 상황에 따라 성공하는 사람이 다르다는 필자의 주장은 지금까지 우리 사회의 기본적 가치, 즉 열심히 노력하는 자가 성공한다는 가치를 부정하는 것이 아닌가? 열심히 노력하는 사람들을 좌절하게 만드는 것은 아닌가?

그러나 우리의 삶을 냉정하고 솔직하게 돌아보면 세상사가 다 그런 것이 아닌가.

혹자는 이렇게 뛰어난 사람들, 열심히 노력하고 상황에 재빠르게 적응하려는 사람들도 상황에 맞지 않아 성공하지 못할 수 있는데 우리 보통 사람들이 어떻게 성공할 수 있을까라고 걱정이 앞설 것이다.

자신 있게 말씀드리는데 걱정하지 말고 편안한 마음으로 다음을 쭉 읽어보시라. 우리도 분명 성공할 수 있는 방법이 있으니까!

강자와 싸우는 보통 사람의 성공전략

앞에서 필자는 사람들이 처한 상황이 다르고, 사회적 상황에 따라 성공의 유형이 서로 다름을 제시하였다. 어떤 사회는 기득권 때문에 용이 되기 곤란한 사회가 있고, 어떤 사회는 능력만 있으면 충분히 용이 될 수 있는 사회도 있다. 또 어떤 사회는 형편없는 사람도 용이 될 수 있으며, 어떤 사회는 창의적인 사람이어야만 용이 될 수 있다고 했다.

그리고 재빠르거나, 부지런한 자들도 사회 상황에 맞으면 성공하고, 비록 뛰어난 능력을 가졌어도 상황이 맞지 않으면 실패할 수 있다고 하였다.

그러면 우리 같은 보통 사람들은 어떻게 성공할 수 있을까? 필자는 위대한 성취를 말하려는 것이 아니다. 위대한 성취를 이루려는 사람들의 방식은 분명히 따로 있다. 이 책은 우리 같은 보통 사람들의 성공 방식을 다루고 있다.

적절한 때에 위대한 사람들의 성공 방식도 제시하고자 한다. 위대한 성취를 이루는 삶은 피곤하다. 자기만 피곤한 게 아니라 주변 사람들까지 힘들고 지치게 만든다.

그래서 필자는 보통 사람으로서 사회적 평균 수준 이상 그리고 남들이 인정할 만큼의 성공을 바라는 평범한 우리를 위한 방안을 제시하고자 한다.

적당한 성공을 얘기하는 그런 말도 안 되는 성공 방식이 어디 있냐고 비웃을 사람도 있을 것이다. "처절하게 노력하지 않고서는 보상은 없다"고 말하는 사람들에게 나의 이러한 견해는 비난받을 만한 구석이 있다는 것도 안다. 그렇지만 세상에는 분명히 처절하게 노력하지 않고도 성공한 사람들이 많다.

그리고 어찌 하겠는가? 노력하지 않고도 성공하는 길이 있다면 그런 방식을 택하고 싶은 게 인지상정 아닌가? 그게 보통 사람들의 삶의 모습 아닌가? 그리고 가급적이면 노력의 낭비를 줄이고 가장 효율적으로 성공해야 한다고 많은 전문가들은 말하고 있지 않은가? 그리고 왜 꼭 능력(앞에서 언급했듯이 여기서의 능력은 독하고, 머리가 뛰어나고, 약삭빠른 것을 말함) 있는 사람들만 성공해야 하는가? 우리 같은 보통 사람들은 성공하지 말라는 법이라도 있는가? 그래서 필자는 그들을 위한 답을 제시하고자 하는 것이다.

그 답 중에 첫째가는 조언은 강자들과 정면대결을 피하라는 것이다. 냉정하게 말해 우리 보통 사람들은 싸움에 강한 운명을 타고난 자들이 아니다. 그러니 경쟁에 강한 자들, 조건이 빵빵한 자들, 능력 있는 사람들이 걸어오는 싸움에 절대로 응하지 마라.

그들은 싸움에 능한 '최정예 검투사'들이다. 그런데도 무모하게 그들과 맞서 싸울 것인가? 그러면 반드시 진다. 강력하게 조언하건대, 실력을 갖출 때까지 절대적으로 참아야 한다.

평민인 주제(?)에 검투사와 맞서 싸우는 것은 용기가 아닌 만용이며, 바보나 하는 짓이다. 우리가 싸워주지 않으면 그들은 우리로부터 아무것도 얻지 못한다. 그렇기 때문에 그들은 어떻게 하든 만만한(?) 우리와 싸워 이기려고 일부러 우리의 감정을 건드린다.

제갈공명이 남만왕 맹획을 일곱 번 사로잡아 일곱 번 풀어주는 이른바 '칠종칠금(七縱七擒)'의 사례가 대표적인 예이다. 맹획도 남방에서는 꽤나 능력 있는 사람이었지만 제갈량의 상대는 되지 못했다. 그럼에도 그는 감정을 건드리는 제갈량의 꾐에 일곱 번이나 말려든다. 반면 사마의는 오장원 전투에서 제갈량이 여자 옷을 선물하는 등의 공개적인 모욕에도 참아내며 후일을 도모하였다.

순간적인 감정과 분노에 사로잡히면 패배자가 되며, 갖고 있는 것도 빼앗길 뿐이다. 평민이 검투사와 싸우는 방식은 그들의 방식과는 분명히 달라야 한다.

흔히들 비즈니스에서 성공과 승리의 키워드를 다음과 같이 말한다. 험난한 세상 속에서 수많은 경쟁자들과 맞서 싸우려면 세상에서 오직 하나뿐인 '나'라는 상품을 만들고, 그 유일한 '나'라는 상품을 잘 판매하는 방식에 있다고 한다.

필자는 한 걸음 더 나아갔다. 먼저 세상을 분석하고 우리가 가진 능력을 고려하면 성공비법은 일반적인 성공 방식과는 분명히 차이가 있다. 기존의 성공학 서적에서는 언제 어디서나 또 누구에게나 들어맞을 것 같은 만병통치약 같은 처방을 제시하고 있다. 그러나 사실 그 처방이 모두에게 맞는 것은 아니다. 또한 성공한 사람들은 자기만의 성공 경험이 전부인양 강요하고 있다. 성공의 방식은 사람마다 다르고 상황에 따라 분명히 다르다.

그래서 필자는 앞서 각 사람이 처한 사회적 상황을 제시하였고, 그 상황에 따라 성공할 수 있는 일반적인 특성들을 나열하였다.

그에 따라 자신이 처한 사회적 특성이 공정하다면 '나라는 상품을 만드는 데 집중'해도 되며, 불공정한 사회라면 '상품을 판매하는 전략을 고민'해야 한다. 또한 사회가 안정적이라면 상품개발에, 사회가 역동적이라면 전략에 집중할 필요가 있다.

보다 구체적으로 우리 B-플레이어들의 성공 방식을 자세히 분석하고 그 방안을 제시해보고자 한다. 먼저 자신이 처한 사회적 특성을 이해하는 것이 출발점이다. 그러고 난 후 그 사회에서 성공을 거두는 사람들을 상대로 이길 수 있는 전략을 찾는 것이다.

앞서 세상은 두 가지 기준에 따라 네 가지 유형으로 구분됨을 설명하였다. 이 4가지 사회적 특성에 따른 보통 사람의 성공전략은 다음과 같다.

〈보통 사람의 성공전략〉

	불공정사회	공정사회	
역동적	형편없는 자도 용(龍)이 됨	창의적인 자가 용(龍)이 됨	전략 ①: 나만의 자산으로 승부하기
	전략 ④ 전략 ⑦ 전략 ⑤ 전략 ④ 전략 ③	전략 ① 전략 ② 전략 ⑦ 전략 ③ 전략 ⑥	전략 ②: 차별화하기 전략 ③: 조직보호 하에 내공 쌓기 전략 ④: 원군 만들기 전략 ⑤: 우회와 주도권 확보 전략 ⑥: 조심스러운 가지 뻗기
안정적	기득권 때문에 용(龍) 되기 곤란함	능력 있는 자가 용(龍)이 됨	전략 ⑦: 행동하면서 생각하기

먼저 사회가 변동성이 심하고 불공정하여 형편없는 자도 용이 되

는 상황에서는 철저한 계산이 맞지 않을 가능성이 크므로 행동하면서 직감으로 승부를 걸 때 승산이 높다. 세상이 보기에 형편없는 자라고 해도 그들은 재빠르고 한칼 하는 사람들이다. 백가쟁명의 강자들이 판치는 세상이므로 정면승부보다는 우회하여 적의 약점을 공략하는 승부가 효과적이다. 또한 그들을 상대로 원군과 함께 승부를 건다면 승산은 있다.

둘째, 사회가 안정적이면서 불공정하여 기득권이 판치는 세상에서는 우리 같은 보통 사람들은 기득권과 우호적 관계유지가 필요하다. 또한 조용히 조직 내에서 자신의 역량계발에 매진하는 것이 좋다. 조직은 험난한 상황에서 좋은 피난처요 보호막이기 때문이다. 역시 불공정한 사회에서는 기득권층과의 정면승부보다는 우회적 공략이 승산이 높다.

셋째, 안정적이고 공정한 분위기가 형성된 사회에서는 성실하고 능력 있는 사람이 성공할 가능성이 높다. 이런 사회에서의 우리 보통 사람들의 성공전략은 미래를 위해 조금씩 자신의 강점을 확대하고 강화시켜 나아가야 한다. 이때 조직은 좋은 실험실이요 학교이다. 성실하고 능력 있는 사람들과 승부할 때에는 조직을 통해 내공을 쌓고 조심스러운 역량의 계발과 확장을 통해 경쟁할 수 있다. 그리고 무엇보다도 강자들과 경쟁할 때 생각하고 행동하는 것보다는 행동하면서 생각하는 것이 유리하다.

넷째, 공정하면서도 역동적인 사회는 창의적 인물들이 중용되는 특징이 있다. 이런 상황에서 우리 보통 사람들의 전략은 자기만의 스펙으로 승부해야 한다. 창의적 인물들을 뒤따르다가는 꿩도 매도

다 놓치고 만다. 차라리 자기만의 고유한 컬러로 차별화를 꾀하는 것이 진정한 창의성의 구현이다. 그리고 그것을 바탕으로 행동하는 지혜를 발휘하면 승산이 있다.

물론 이상의 설명에서 4가지 상황에 적절한 비법들을 두세 가지씩만 제시하였지만, 사실 이들 7가지 비법들은 모든 상황에서 고루 사용할 수 있는 우리 보통 사람들만을 위한 특별한 비법이기도 하다.

이들 비법 7가지를 보면 다음과 같다. 첫째, 나만의 자산으로 승부하는 것이다. 모든 승부는 내가 가진 것으로 시작한다. 둘째, 차별화전략을 구사하는 것이다. 강자와 싸울 수 있는 최고의 전략이다. 셋째, 조직의 도움으로 내공을 쌓는 일이다. 역량계발에 절대적

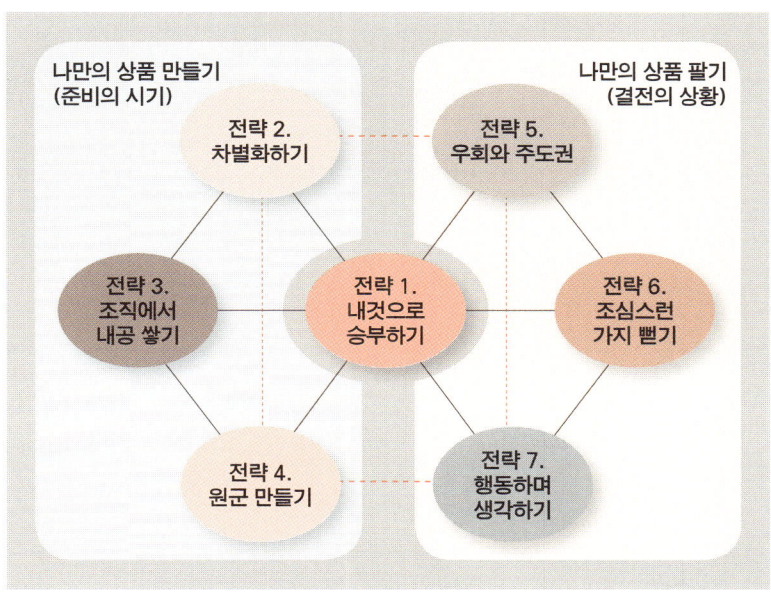

〈B-플레이어의 7가지 성공전략〉

이다. 넷째, 원군이 절대적이다. 위급한 상황에서는 살고 죽는 문제이다. 다섯째, 주도권을 확보해야 한다. 불리한 상황을 유리하게 만들어 갈 수 있다. 여섯째, 조심스러운 가지 뻗기 전략을 구사한다. 그래야 위험이 적다. 일곱째, 행동하는 지혜를 가져야 한다. 남들은 생각하고 행동할 때 먼저 행동하고 생각하는 것이 승리의 원동력이다.

> 성공하고자 하는 자는 길을 찾을 것이며
> 그렇지 않은 자는 변명을 찾을 것이다.
>
> 레오 아길라

✓ 똑똑하거나, 재빠르거나, 부지런한 자들도 상황에 맞으면 성공하고, 상황이 맞지 않으면 실패할 수 있다. 죽자고 노력해도 안 되는 사람들도 있다.

✓ 실패는 과도한 욕심, 방향설정의 잘못, 타이밍 문제, 그리고 상황판단 부족에 기인하며 늘 투덜대고 불평하는 삐딱한 태도 때문에도 실패한다.

✓ 사회 특성에 따라 성공의 유형이 다르다. 기득권 때문에 용이 되기 곤란한 사회가 있고, 능력만 있으면 충분히 용이 될 수 있는 사회도 있다. 또 어떤 사회는 형편없는 사람도 용이 될 수 있으며, 어떤 사회는 창의적인 사람이어야만 용이 될 수 있다.

✓ 우리 보통 사람들은 싸움에 강한 운명을 타고난 자들이 아니다. 그러니 경쟁에 강한 자들, 조건이 빵빵한 자들, 능력 있는 최정예 검투사들이 걸어오는 싸움에 절대로 응하지 마라.

✓ B-플레이어의 경쟁방식은 ① 나만의 자산으로 승부하기, ② 차별화하기, ③ 조직보호 하에 내공 쌓기, ④ 원군 만들기, ⑤ 우회와 주도권 확보하기, ⑥ 조심스러운 가지 뻗기, ⑦ 행동하면서 생각하기이다.

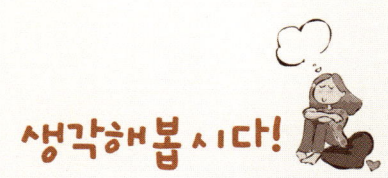

🗨 내가 처한 사회는 어떤 사회인가? 그리고 그 사회에서는 누가 성공하는가?
  - 사회 특징: 안정적인 사회인가? 역동적인 사회인가?
           공정한 사회인가? 불공정한 사회인가?
  - 성공 유형: 똑똑한 사람? 지독한 사람? 재빠른 사람?

🗨 만일 안정적이면서 불공정한 사회라면
  ☞ 제2부의 전략 ③, ④, ⑤ 순으로 읽으면 좋습니다.

🗨 만일 안정적이면서 공정한 사회라면
  ☞ 제2부의 전략 ⑥, ③, ⑦ 순으로 읽으면 좋습니다.

🗨 만일 역동적이면서 불공정한 사회라면
  ☞ 제2부의 전략 ④, ⑦, ⑤ 순으로 읽으면 좋습니다.

🗨 만일 역동적이면서 공정한 사회라면
  ☞ 제2부의 전략 ①, ②, ⑦ 순으로 읽으면 좋습니다.

🗨 하지만 어디에서부터 읽어도 무방합니다.

2

보통 사람들의 성공전략

제2부에서는 제1부에서 제시한 7가지 전략들에 대해 구체적으로 서술할 것이다. 또한 제2부의 각 장절들은 이 7가지 성공전략들에 대한 이해를 돕기 위하여 다양한 사례들을 포함하였다.

제2부의 각 장들은 현실인식으로부터 시작되고 있다. 각 전략들이 적용되는 현실에 대한 자각은 향후 이 전략을 활용하는 데 도움을 줄 것이다. 다음으로 각 전략에 대한 개념이 제시되고 자연계에 존재하는 생명체들의 사례를 제시하였다. 우리가 미물이라고 생각하는 이들 생명체들도 그들에게 적합한 생존전략을 구사하여 생명을 유지하고 번성시키고 있음을 확인할 수 있을 것이다.

다음으로는 사회 각 부문에서 성공을 꿈꾸는 독자들을 위하여 정치, 경제, 사회, 문화 등에서 성공한 인물들의 사례를 제시하였다. 이를 통해 다양한 분야에서 성공을 꿈꾸는 모든 이들에게 이 전략들이 고루 활용될 수 있음을 보여주고 싶었다. 또한 동서양의 사례도 포함하여 보편적인 전략으로의 일반화도 시도하였다. 사례에서 제시된 인물들은 현재 뛰어난 성취를 거둔 사람도 있지만 이제 막 부각되거나 보통 수준의 성취를 이룬 사람들도 제시되어 있다.

무엇보다도 필자가 선정한 인물들은 보통 사람으로 시작해서 성공한 사람들이다.

어릴 때부터 능력이 탁월했거나 환경이 좋은 사람들은 제외했다. 그들은 머리가 뛰어나거나, 지독하거나, 재빠른 사람들로 출발점이 우리와 기본적으로 다른 사람들이기 때문이라 생각했다. 그렇다고 그 사람들의 뛰어난 업적과 성취를 폄하하고자 하는 의도는 전혀 없다는 점을 분명히 해두고 싶다.

그저 필자와 같은 사람, 우리와 같은 B-플레이어, 즉 보통 사람으로 출발해서 성공을 거둔 사람들을 선정했다. 그래야 우리 같은 사람도 희망을 갖고 살 수 있지 않겠는가? 아마 이 점에 대해서는 여기에서 거론되신 분들도 암묵적으로 동의하리라 믿는다. 이러한 기준에 따라 이 책에서 제시된 사례는 다음 표와 같다.

구분	전략 (군사/경영/생물학)	생명체	군사	사회	기업	예술/체육
전략 1	나만의 자산으로 승부하자	타디 그레이드	양헌수 장군	마스카와 도시히데	마사 스튜어트	달인 김병만
전략 2	졸병승리의 key, 차별화	나무늘보 장수풍뎅이	U-2 격추사건	함평 군민	미샤 화장품	뽀통령 뽀로로
전략 3	조직의 도움 아래 내공 쌓기	개미	콜린 파월, 박세환	김규환	다나카 고이치	소림 고수
전략 4	원군 만들기 (네트워크)	박새와 울새	마오쩌둥, 호찌민	아줌마 네크워크	집단지성	예술성과 사회성
전략 5	우회와 주도권 (성공 포인트 공략)	족제비 생존전략	웰링턴 장군	김보나	에프킬라, 삼성킬라	김도향
전략 6	조심스러운 가지 뻗기 (다각화)	산호초의 가지 뻗기	일본과 조선	박미희	김승남	스티브 잡스
전략 7	행동하는 직관 (돈키호테처럼)	직감과 직관	클라우제 비츠	라이트 형제	소로스와 경제학자	차범근

Session 1
'나'만의 상품을 만드는 과정

세상에서 유일한 '나'만의 상품을 만드는 과정은 두 단계로 되어 있다. 선천적으로 만들어진 단계와 후천적으로 만들어지는 단계가 그것이다. 선천적으로 만들어졌다는 것은 부모와 그 조상이 결정한 부분이며, 후천적으로 만드는 것은 나의 노력에 대한 부분이다. 선천적으로 만들어진 것에 대해 많은 사람은 불평등을 말하지만 필자는 그것이 바로 나만이 갖는 장점이라고 말하고 싶다. 그리고 '나'라는 상품을 만드는 비밀을 제시하고자 한다.

〈먼저 상대가 꺾을 수 없는 나를 만들어라〉

孫子曰 昔之善戰者는 先爲不可勝하고
손자가 말하기를 옛날에 전쟁을 잘하는 장수는 우선 적이 나를 이기지 못하도록 조건을 만들어놓고

以待敵之可勝이니라.
이길 수 있는 적을 기다려 싸웠다.

不可勝在己 可勝在敵이라.
적이 나를 이길 수 없는 상황을 만드는 것은 내가 할 수 있는 일이고, 적을 이길 수 있는 상황은 적에게 있다.

— 포스코 팀 리더 손자병법에 빠지다, 손자병법 제4편 군형 편 —

전략 1
나만의 자산으로 승부하자

> 당신 자신을 믿어라!
> 당신의 능력을 신뢰하라!
> 당신의 능력에 대해
> 겸허하면서도 정당한 확신이 없으면
> 성공할 수도, 행복해질 수도 없다.
>
> 노먼 빈센트 필

세상은 불평등하다

우리는 날 때부터 다르다는 생각을 가끔 잊을 때가 있다. 아니 일부러 생각을 안 하는지도 모른다. 그래야 마음에 편하니까…. 그렇지만 세상은 본질적으로 불평등하다. 누구는 날 때부터 재벌집 아들로 태어나 호의호식한다. 이들을 부러워한 적이 한두 번이 아니다.

그러나 한국의 평범한 가정에서 태어난 것을 불평하기도 하지만, 북한이나 아프리카의 오지에서 태어나 끼니도 잇기 어려운 사람들을 생각하면 안타깝고 한편으론 현재 여기에서의 삶에 감사할 때도 있다. 그렇지만 우리 사회로 눈을 돌리면 다시 배가 아파온다. 사촌이 땅을 사면 배가 아픈 심술보 때문이겠지만 그래도 어쩌겠는가. 아파오는걸….

우리의 실상을 들여다보면 배 아픈 걸 넘어 자괴감에 빠지곤 한다. 부유한 환경에 태어나지 못한 것도 억울한데 공부할 여건도 안 되는 사람들도 꽤나 된다.

사실 공부는 부유한 사람들만이 하는 것이라는 몇몇 외국의 통계는 우리나라의 경우는 이상하리만큼 해당되지 않았다. 어쩌면 이러한 기현상 때문에 우리나라가 이만큼이나 먹고살게 된 이유일 수도 있다. 그러나 최근 들어 외국의 그 통계가 우리나라에서도 현실이 되어가는 것이 두렵기만 하다.

학교 공부만으로는 힘든 세상이 되어버렸다. 과거에는 배를 주리면서도 학교 공부만 잘하면 좋은 대학에 갈 수 있었는데 지금은 그런 사람을 눈 씻고 찾기가 쉽지 않다. 과외나 학원을 통하지 않고 좋은 대학에 들어가기란 하늘의 별 따기가 되었다.

이 글을 쓰는 필자도 과외란 걸 받아본 적이 없다. 그렇다고 공부를 열심히 한 것 같지도 않다. 물론 소싯적에 공부 제대로 안 해서 그 이후 다시 공부하는 데 힘들긴 했다. 그렇지만 그때는 그저 수업 시간에 선생님께서 말씀하시는 것에 집중하고 교과서만 가지고 공부한 게 전부였다. 물론 우리 때도 과외한 사람들은 있었다. 그래서 정부에서 과외 금지라는 정책도 만들었다. 모든 학생에게 동일한 기회를 주어 어려운 생활을 하는 학생들도 열심히 하면 성공할 수 있다는 희망을 주자는 의도였을 것이라고 믿고 싶다. 그나마 그때는 어려운 환경에서 좋은 대학에 가는 사람들이 방송에 종종 나오곤 했다. 그런데 지금은 그런 기사나 인터뷰를 찾아보기가 힘들어졌다.

모두가 공감하지만 이제는 '개천에서 용 나기 어려운 세상'이다. 아예 '용이 자랄만한 물이 개천에 없다.' 이러면 또 어떤 사람들은 "내가 학교 다닐 때는 과외 안 하고 학교 수업만으로도 좋은 대학에 갔다"라고 말한다. 꼭 이런 사람들이 있다. 아직도 과거 얘기를 하는 정말 세상물정 모르는 사람이다. 세상이 바뀌어도 과거 속에 사는 행복한 사람들이다. 부럽기까지 하다. 그래도 큰 소리치고 살 수 있으니….

어디 대학뿐인가? 학벌에 따라 취직이 결정되기 때문에 똑같은 입사 동기라 하더라도 역할이 다르고 연봉도 다르다. 각종 빽은 능력에 상관없이 출세의 속도를 다르게 한다. 이렇게 불평등한 세상이 또 어디 있을까? 이렇게 한탄하는 사람들은 대개는 우리 같은 보통 사람들이다. 하지만 우리도 가진 것이 좀 있다면 이런 세상을 기뻐하며 만끽할 것이 분명하다.

주위를 둘러보자. 세상에 불평등하지 않은 곳이 얼마나 있나? 원래 세상은 그런 곳이란 것을 모르는 우리가 한심한 것이다. 눈을 크게 뜨고 세상을 똑바로 보자.

사실 불평등은 태어날 때부터 결정되어 있다. 부모의 유전형질은 아이의 성격과 지능을 결정하며, 어머니의 건강이 배 속에 있는 아이의 건강에 영향을 미치고 이는 향후 아이의 성장 발육을 결정한다. 부모의 재정적 상태 역시 태어난 이후 아이가 성장하면서 공부하고 능력을 개발시키는 데 절대적 영향을 미친다. 태어나서 홀로서기까지 아이가 할 수 있는 건 거의 없다고 해도 지나친 말은 아니다.

부모의 능력과 환경이 아이의 운명을 결정하는데 괜히 제대로 지원도 못해주면서 아이들보고 공부 안 한다고 야단치지 말자. 글을 쓰면서 필자도 반성했다. 사실 필자의 아이들도 공부를 하고 싶어도 무엇을 모르는지 모르며, 어디부터 해야 할지 모르는 때가 있었다.

지금도 마찬가지지만, 그때는 처음 접한 상황이라 무척이나 답답해했다. 체계적으로 지도 받지 않으면 어려운 상황이었는데 학교에서 교사들의 교육지도와 훈육이 과거와는 사뭇 다른 것 같았다. 그런데도 일부 선생님들은 이 상황에 처한 학생들에 대해 방관자적 입장이다.

이런 상황에 빠진 아이 엄마에게 선생님 가라사대 "이 아이가 ○○과목이 부족한 것 같으니(?) 학원이나 과외를 보내라"고 했단다. 그러면서 덧붙이기를 "초등 고학년인데 아직도 학원을 안 보내셨어요?"라고…. "아니 초등학교 때부터 과외나 학원을 보내나? 그럼 선생님은 뭐하시는데?"라는 말이 튀어나오려는 순간 아이 때문에 가까스로 참았다고 한다. 그리고 정말로 절망인 것은 과외와 학원을 보낼만한 능력도 없는데… 참 답답했다.

우리의 현실이 아닌가? 아이들이 출발부터가 다르다는 것을 늦게야 깨달았다. 어떤 아이들은 초등학교 저학년 때부터, 이른 아이들은 취학 전부터 학원이다 과외다 하며 공부를 시켰단다. 그러니 학교에서는 한글 익히는 것을 안 가르치고 구구단도 안 가르친단다. 그나마 그 상황에서도 내 아이가 크게 엇나가지 않은 것을 다행으로 생각했다.

　물론 우리 사회는 이러한 불평등을 해소하고자 지속적으로 노력하고 있고, 국가도 다양한 방법의 정책적 노력을 기울이고 있지만 아직은 요원한 것 같다. 건전한 사회일수록 이러한 불평등을 해소하려는 각종 노력이 좀 더 있어야 하겠다.

K-1 같은 세상

　그러나 그것은 국가와 사회를 책임진 사람들의 몫이고 평범한 우리는 어떻게 해야 하나? 머리띠 두르고 시청 앞 광장에라도 나가야 하나? 그것도 방법이겠지만 우리 보통 사람들의 방법은 아닌 것 같다. 우리는 어쩔 수 없이 이런 환경 속에 살아가야 하는 사람들이다. 그럴 시간도 마음의 여유도 없다. 그리고 무엇보다 세상이 바뀐들 그 세상이 우리 B-플레이어들의 세상이란 보장이 어디 있는가? 어차피 우리의 세상은 근본적으로 불평등한 곳이 아닌가? 전쟁터 같은 곳이 아닌가? 여기서 살아남는 투쟁이 우리에게 진정 필요한 것이 아닌가?

　　K-1은 최근 인기 절정인 격투기이다. 이 경기는 복싱, 태권도, 유도, 레슬링과 두 가지 점에서 크나큰 차이가 있다. 첫째, 종목을 따지지 않는다. 그가 권투선수였건, 태권도를 했건, 씨름을 했건 중요

하지 않다. 그래서 규정이 간단하다. 둘째, 체급을 따지지 않는다. 무조건 이기기만 하면 된다.

　이 종목은 근본적으로 동등한 상태에서 출발하지 않는다. 키와 체중이 다르고, 활용하는 기술도 다르다. 어떤 이들은 비신사적인 경기라고도 하지만 사람들은 열광한다. 사람들은 이 경기를 통해 그들의 파괴적인 본성을 반영한다. 로마시대 검투사들과 정글의 법칙을 그리워하며 절대강자를 원한다. 마치 자기들의 욕망의 분출구인 양….

　K-1 게임의 법칙은 스포츠에만 한정된 것이 아니다. 치열한 글로벌 경쟁도 마찬가지이다. 산업의 경계가 사라지고 있으며, 대기업과 중소기업의 영역 구분도 모호하다. 살아남기 위한 투쟁에서 과거 신사도의 멋은 사라지고 있다.

　그러나 어찌하랴. 그것이 우리 삶의 법칙이고 바로 전쟁의 본질인 것을….

　세상에는 좋은 무기를 들고 나온 자도 있고 빈손으로 싸우러 온 자도 있다. 권투나 유도, 태권도, 레슬링처럼 비슷한 사람끼리 같은 종목에서 전쟁을 하는 경우가 아니다. 그래도 싸워서 이겨야 한다. 불리한 여건을 불평하기에 전쟁터는 그리 한가한 곳이 아니다.

　이 세상이 불공정하고 불평등하다고 불만을 제기하는 것은 전쟁터에서 군인들이 적군의 군대와 무기체계를 부러워하고 두려워하며 싸우지 않겠다고 하는 것과 다르지 않다. 전쟁은 병력과 무기체계, 사기, 지휘관의 능력, 그리고 국가의 제반 역량을 총동원하는 투쟁이다. 그럼에도 모든 나라가 똑같은 조건과 능력으로 싸우진 않는다.

전장에 나가는 군인들은 나라의 형편에 따라 제한된 자원을 가지고 국가를 위해, 자신과 가족을 위해 목숨을 건다. 모든 여건이 불리해도 어찌하든 전쟁에서는 이겨야 한다. 그러기에 장교들은 그 부족한 자원을 가지고 승리하기 위해 투철한 사명감과 함께 전략적 혜안을 발휘해야 하는 것이다. 군사적으로 불평등한 자원과 비대칭 전력을 가지고도 승리해야 한다.

우리의 삶도 전쟁터가 아닌가. 불평등하게 태어났으나 삶의 전쟁터에서 성공해야 하는 것은 불평등과 악조건 속에서 승리해야 하는 전장의 장수와 다름없다. 그렇다면 전략적 혜안은 우리 같은 평범한 사람도 성공하기 위해서는 누구나 발휘해야 할 소명이다.

그리고 역사를 통해 보면 그러한 불평등 속에서도 승리하는 B-플레이어들이 있었다. 전쟁터는 꼭 힘세고 능력 있는 자만 살아남는 곳이 아니었다. 전쟁터에는 다윗도 있고 골리앗도 있지만 늘 골리앗이 승리하는 것만은 아니었다.

성공신화는 역사 속의 위대한 인물들에게서뿐만 아니라, 각 가정에서 선조들의 역사에서도 찾을 수 있다. 우리 같은 보통 사람들도 우리의 삶에서 승리하고 우리가 처한 환경을 뛰어넘는 능력과 가치가 분명히 내재해 있다.

불평등을 뛰어넘을 희망이 우리 모두의 DNA 속에 코드화되어 있다는 점을 말하고 싶다. 우리 모두는 성공할 수 있는 능력을 갖고 태어났다.

이 세상에 '루저looser'는 없다

지구상의 생명체는 참으로 다양하다. 생긴 모습도 다양하며 삶의 방식도 다양하다. 한 곳에 터를 잡고 살아가는 생물이 있는 반면, 떠돌아다니면서 삶을 영위하는 생명체들도 있다. 이러한 종의 다양성에 대해 어떤 이들은 진화의 모습이라고도 하고, 어떤 이들은 태초부터 각자의 삶이 그렇게 정해졌다고 한다.

삶이 어떻게 정해졌던 간에 그들은 각자 자신이 처한 입장에서 최선의 것을 선택한 것으로 보인다. 사실 인간이 만물의 영장이고 지배자라고 하지만, 우리는 사자나 호랑이보다 강하지 못하고, 치타나 임팔라처럼 빨리 뛰지도 못하며, 토끼나 사슴처럼 위험을 빨리 포착하는 밝은 귀도 없다. 하다못해 개미나 벌거숭이 두더지처럼 체계적인 집단생활의 지혜를 발휘하지 못하는 경우도 허다하다.

인간의 사고체계는 동물의 본능 메커니즘에도 훨씬 뒤진다. 지진을 예측하는 동물들을 보면 인간처럼 이것저것 분석하느라 머리를 굴리지는 못하지만 인간보다 위험을 신속하게 감지하고 대처한다. 위험을 느끼고 피할 수 있는 인지-반응 메커니즘을 본능이라는 유전인자, 즉 DNA 코드로 내재화시키고 있다. 이 얼마나 효율적 프로세스인가?

우리가 우습게 여기는 미물들도 그들 종의 생존과 번영을 위해 이토록 뛰어난 전략을 구사한다. 세대를 거쳐 가면서 DNA 속에 있는 핵심 코드를 조금씩 또는 갑자기 변화시켜 생존을 모색한다.

타디그레이드는 지구의 최악의 상황을 대비하여 그들의 선조가

〈서울경제〉, 2011.5.25일자, 〈중앙일보〉 2011.6.11일자

〈대단한 능력을 가진 생명체〉

영하 273℃나 끓는 물 온도보다 높은 151℃에서도 생존할 수 있는 벌레인 타디그레이드Tardigrade가 인데버호에 실려 16일간의 우주여행을 마치고 돌아왔다.

타디그레이드는 '느림보 동물'이라는 뜻으로 생김새가 곰과 비슷해 '물곰water bear'으로도 불린다. 몸길이가 1.5mm밖에 안 되는 이 곤충은 극한의 조건에서도 생존이 가능한 것으로 유명하다. 이 벌레는 지난 2007년 유럽우주국(ESA)의 무인우주선을 타고 우주로 날아가 물도 산소도 없는 환경에서 살아남았고 정상적으로 알을 낳고 번식해 과학자들을 놀라게 했다. 5억 3,000만 년 전 캄브리아기에 출현하여 이끼 등의 세포액을 빨아먹고 사는 생물로 히말라야 산맥이나 깊이 4,000m 바다 속, 남극과 북극, 사막과 적도지역 등 전 세계 어느 곳에서도 살아간다. 치명적인 고농도 방사성 물질에 노출(인간의 방사성 피폭 치사량 5Gy의 1,000배)되어도 생명을 이어간다.

과학자들은 2007년 우주여행 때보다 극한의 조건에서 실험하여 이 벌레가 어떤 원리로 살아남는지 더 많은 정보를 얻게 될 것으로 기대하고 있다. 타디그레이드 연구자인 로베르토 귀데티 이탈리아 모데나대학 교수는 "타디그레이드의 생존 메커니즘 연구는 인류의 생존 연장, 태양계를 비롯한 우주 탐험 등 미래에 달성할 목표에 다가가는 데 도움을 줄 것"이라고 말했다.

개발하고 물려준 그 어떤 생명체도 따라가기가 힘든 탁월한 능력을 갖고 있다.

흰개미 집은 자동 환기시스템이 작동하여 아프리카의 뜨거운 사막 한가운데에서 섭씨 28°C의 온도를 상시 유지하고 있다. 최근에 아프리카 초고층 건물에 이러한 아이디어를 적용하여 에어컨 없이 건물 내에서 생활이 가능하도록 하고 있다.

흰개미들이 조상 대대로 물려받은 능력을 인간들이 머리를 싸매고 배우고 있다. 아이러니가 아닐 수 없다. 흰개미의 본능 메커니즘이 얼마나 효율적이고 뛰어난 것인가?

그렇다면 인간은 다른 생명체들과 비교할 때 어떻게 다른가? 진화론과 창조론에 대한 논쟁을 하고자 하는 것이 아니다. 다만 여기서는 타 생명체와 다른 점을 기능적인 면에서만 비교하고자 한다.

다른 생물과 달리 인간은 두뇌를 발전시켜 인류 한 사람 한 사람의 생존과 발전에 치중한 전략을 선택했다. 인간을 제외한 대부분의 생명체들은 개별 개체가 아닌 종족 전체의 생존과 번영을 위하는 방향을 선택했다. 그래서 동물들은 복잡한 사고를 하는 각 개체의 균형적 기능 발전을 모색하는 대신, 유전인자에 본능이라는 코드로 내재화시켰다. 집단적 지능 시스템을 위해 개별 개체의 단순화가 필요하였다.

여기서 인간이 인류 전체보다는 각 개별 개체에 초점을 맞추어 코드화되었다는 의미는 생존과 발전이 개인의 능력에 따라 다를 수 있다는 것을 의미한다. 즉 사람은 자신의 능력과 의지, 그리고 선택에 따라 삶이 달라질 수 있다는 뜻이다. 어떤 사람은 좋은 삶을 선택할 수 있고 어떤 사람은 그렇지 못한 삶을 살 수도 있다는 뜻이다. 개인의 의지와 선택에 따라 삶이 결정되는 인간에게는 무한한 가능성과 자유가 부여된다.

그러나 그 자유의지 때문에 다른 생명체들과 달리 인류에게는 오류가 많다. 이에 반해 다른 생명체들은 본능으로 내재화시킴으로써 선택의 오류를 최소화하는 방향으로 그들의 생존과 번영을 추구해 왔다. 선조들의 선택의 결과로 인간은 살아가기 위해 상당한 기간을 학습해야 하는 번거로움을 감수해야 하는 반면 다른 생명체들은 별다른 학습 없이 생명활동을 유지해 나갈 수 있도록 운명 지어 졌다.

종 전체적인 관점에서 볼 때 효율성 면에서는 인간을 제외한 원시생명체가 더 낫다. 고등동물로 갈수록 비효율적이다. 인간만이 생태계의 승자라는 오만을 버려야 한다. 인간이 아무리 이 지구상에 넘쳐난다 하더라도 바이러스나 박테리아들처럼 번성하지 못하고 있지 않은가? 지상에 널려 있는 수많은 곤충과 생물들 역시 인간의 수보다 헤아릴 수 없을 정도로 많다. 누가 더 번성하는가? 이래도 인간만이 만물의 지배자라 할 수 있는가?

어떤 의미에서 현재 지상에 존재하는 생명체 모두가 승리자이다. 그들은 형태가 어떠하건, 지능이 높건 낮건 각자의 방식으로 현재 우리와 함께 험난한 시대를 거쳐 살아남았기 때문이다.

자연에서 성공전략을 배워야 한다. 각 생명체는 그들의 방식으로 자기만의 삶의 영역과 기능을 선택함으로써 생존과 번영을 모색해 가고 있다.

우리 모두 '위너 DNA'를 가졌다

이제 우리의 삶에 초점을 맞춰보자. 기능적인 면을 벗어나 삶에 대한 철학적 측면을 보자. 모든 생명체가 다르듯 인간 세계도 다르다. 우리는 모두 다르게 태어난다. 다름에 대해 혹자는 불평등이라고 말하기도 하지만 이 불평등은 남과 나를 구별할 수 있는 확실한 정체성을 나타내주는 척도이다. 그리고 이는 내가 이 지상에서 생존하고 번성할 수 있는 하늘이 준 선물이다.

앞서 필자는 우리가 태어나고 성년이 되기까지 처한 환경은 우리 선조와 부모께서 선택하고 만든 환경이라고 했다. 어떤 사람에게는 풍요로운 환경이고 또 어떤 이에게는 힘든 상황일 수도 있다. 그러나 그 모든 환경이 우리에게 도움이 되는 것들이다.

종교적이고 철학적 관점에서 삶은 다양하게 해석된다. 누구는 현세의 삶은 윤회의 여정 속에서 과거 업의 결과로 얻어지는 것이라 생각하고, 어떤 이들은 전생에서 영으로 있었을 때 현세의 삶을 허락받았다고 한다. 그리고 또 다른 이들은 현세의 삶은 자기의 선택이라고 한다.

그러나 이 세 가지 서로 다른 믿음들을 자세히 보면 과거의 업의 결과든, 절대자의 허락을 받았든 모두 자기의 행위와 의지가 반영되었다고 볼 수 있다. 현생의 삶을 과거 언젠가 우리가 선택했다는 것이다. 이게 논리적이든 아니든 이렇게 생각하는 것이 바람직하다. 그렇게 생각할 때 현생의 삶이 가치가 있다. 우리가 어쩔 수 없이 의미 없이 태어난 존재가 아니라 분명한 계획과 의지에 의해 지상의 삶을 선택한 것이 되니까 말이다.

그런 가정을 믿는다면, 즉 내가 지금의 환경을 선택했다면 나는 현재의 어떠한 어려움이든 극복하고 승리할 수 있다는 계산이 있었다는 얘기가 된다. 실패하기 위해서 현재의 환경을 선택하진 않았을 테니까…. 그런 관점이라면 어려운 환경을 선택한 나는 의지가 강하고 능력 있는 영혼이었음에 틀림없다고 생각할 수 있다. 이 세상에 와서 그냥 편하게 살면 재미없으니까, 별로 모양새가 안 나오니까 이 어려운 환경에 과감하게 도전하고자 한 것이 아니었을까? 성경에도 있지 않은가. '하나님은 우리에게 감당 못할 시험을 주시지 않나니' 이 구절은 내게 주어진 모든 시련은 내가 극복할 수 있다는 뜻으로, 이 세상에 태어난 것은 우리가 선택했기 때문이라는 앞서의 생각과 논리를 뒷받침하는 말씀이 된다.

만일 재벌가의 아들과 딸들이 내 어릴 적 살던 달동네에서 살았다면 과연 잘 견디었을까? 천장에서 빗물이 새는 다 쓰러져 가는 판잣집에서 아마 단 하루도 못 견디었을 것이다. 그러나 난 그런 환경 속에서 잘도 적응하면서 살아왔다. 이 얼마나 훌륭한가?

만일 이 모든 상황이 내 의지가 아닌 우리 부모에 의해 결정되었다고 생각하면 참으로 절망스럽다. 그러나 나의 의지와 능력에 따라 이러한 환경과 부모를 내가 주체적으로 선택했다면 희망 섞인 많은 생각들을 품어낼 수 있다.

이런 어려운 환경을 선택한 나는 참으로 훌륭했던 영혼인 것 같다. 나의 부모와 가족 그리고 장차 내가 성장할 환경에서 성공하고 승리할 수 있다는 충분한 계산이 있었다니 이 얼마나 훌륭한 영혼인가라고 생각할 수 있으니 말이다.

그리고 이렇게 치밀한 선택과 자신에 대한 믿음으로 이 세상에 온 사람이 어디 나뿐인가? 세상에 태어난 전생에서 현명한 선택을 한 훌륭한 영혼들이었음에 틀림없다.

우리 모두는 이 전쟁터 같은 인생에서 승리하고 행복할 수 있는 방식으로 태어났다. 우리 모두 각자의 여건에 맞게 선택했고, 승리하기 위해 자신에게 가장 효율적이고, 가장 적합한 방식과 조건을 선택한 것이다.

'불평등'도 나를 위해 '준비된 것'이다

이런 관점에서 보면 불평등은 차별화의 가장 이상적인 출발점이다. 어려운 환경에서 태어난 사람들은 분명히 많이 갖고 태어난 사람보다 어려움에 처해 있다. 그러나 우리는 많이 가진 사람들이 경험하지 못하는 것들, 즉 강인한 성격, 풍부한 감성, 폭넓은 이해력 등을 갖고 있다. 물론 지적으로 뛰어나지 못한 부분도 있고, 다소 나태하며, 천성이 좋지 못한 경우도 있을 것이다.

그러나 '나'라는 정체성은 나만이 타고난 기질과 환경에서 단련된 성품, 그리고 현재까지 축적된 다양한 지식과 경험, 나아가 인생철학과 가치관이 결합된 세상에 단 하나뿐인 '나'만의 상품이다. 그리고 이 상품이 세상에서 가장 강력한 무기가 된다.

　달인 김병만의 경우도 마찬가지이다. 전북 완주의 가난한 산골 소년이 개그맨으로 성공하기까지 그는 개그맨 공채 시험에 7번, 대학입시에는 6번 떨어졌다. 어려서부터 개그맨이 되고 싶었지만 어려운 집안 형편 탓에 고등학교에서 기술을 배워 졸업과 동시에 일을 시작했다. 그는 대사 울렁증에다 사투리가 심해 연기학원에서도 자신감이 없었다. 연기학원에서는 학원 원장으로부터 "키가 작아 방송으로 성공하기 힘들다"는 말도 들은 적이 있다.

　그래도 그는 일용직 노동자 생활을 하며 개그 연습을 하였다. 신인시절에 살기 위해 했던 아르바이트 등을 통해 축적된 그의 경험과 기술이 현재 '달인' 코너에서 활용되는 것을 보면 참으로 아이러니가 아닌가? 그러고 보면 한때 우리에게 닥쳐오는 어려움이 어떤 면에서는 우리에게 유익한 것이 아닌가?

　얼마 전 병인양요 때 프랑스군이 약탈해간 외규장각도서가 모두 반환되었다. 암울했던 시대에 변변한 신식 군대도 없었던 조선의 한계를 보여준 사건이었지만, 병인양요에서 프랑스군을 물리친 양헌수 장군의 지략은 군사적 측면에서는 결코 간과할 수 없는 성과이기도 하다.

> 병인양요는 병인사옥의 구실로 프랑스가 강화도를 침탈한 사건이다. 프랑스의 로스Rose 제독은 3개월 동안 강화도를 정찰한 후, 1866년 10월 11일에 군함 7척, 함재 대포 10문, 총 병력 1,000명의

〈스포츠조선〉 2011.6.13일자 인터넷 판에서

〈'굴삭기의 달인' 김병만, 그 속에 담긴 눈물겨운 사연〉

3년 반 동안 수많은 '달인'으로 변신했던 그가 굴삭기의 달인 '삽질' 김병만 선생이 되어, 스튜디오 안에 굴삭기를 옮겨와 직접 작동시키면서 기상천외한 묘기를 선보였다.

그는 굴삭기로 두부를 썰고, 그 '연한' 두부를 들어올려 '수제자' 노우진에게 먹였다. 계란찜을 만들겠다며 숟가락에 계란을 담아 맥주잔에 옮기기도 했다. 심지어는 빗을 활용해 수제자의 윗옷도 벗기고 머리도 빗겨줬으며, 버킷에 수제자를 태우고 놀이기구인양 놀아주기까지 했다.

굴삭기 같은 중장비는 배우기도 어렵고 정교하게 다루기는 더욱 어려운 것으로 알려져 있다. 지난해 KBS 2 TV 〈남자의 자격〉에서 김성민이 굴삭기 운전기능사에 도전했을 때 합격 비율이 15%밖에 안 된다는 어려운 시험이었다.

하지만 이번에 선보인 굴삭기의 달인 편은 예상 외로 김병만에게 아주 어려운 도전은 아니었다는 후문이다. 김병만이 2002년 공채 개그맨으로 데뷔하기 전에 생활고 때문에 다양한 직업을 거치는 동안 이미 굴삭기 기술을 배운 적이 있기 때문이다.

한 관계자는 "김병만은 신인 시절에도 한동안 여러 가지 아르바이트를 하면서 생계를 이어갔다. 힘든 생활 속에서 몸으로 익힌 기술과 감각들이 결국엔 김병만의 개그에 중요한 소재로 활용되고 있는 것 같다"고 말했다.

'굴삭기의 달인'은 결국 김병만 버전의 '생활의 달인'이었던 셈. 스스로 자신을 '땀흘리는 개그맨'이라고 지칭하는 김병만의 '땀방울'이 더욱 값지게 다가오는 미션이었다.

병력으로 강화도를 내침하였다. 이후 프랑스군은 10월 26일에 문수산성 전투에서 조선군을 압도하였다.

강화도 수비에 실패하여 사태가 위급해지자 조선의 조정은 이경하, 이용희, 양헌수 등으로 하여금 출정케 한다. 이때 양헌수는 제주목사로 있다가 천총에 임명되어 군사를 이끌고 강화도 수복계획을 구상한다.

김포에 도착한 양헌수는 근대식 병기로 무장한 프랑스군에 화력으로 대항하기에는 역부족임을 알고 군선 3척에 군사 549명을 거느리고 강화도의 덕진진에 상륙, 한밤중에 강화해협을 건너 11월 7일 정족산성에 도착하였다. 이후 양헌수는 남문에는 김기명의 지휘 하에 포수 161명, 동문에는 이렴의 지휘 하에 군사 157명을 배치, 매복하게 하여 프랑스군의 공격에 대비하였다.

조선군의 움직임을 보고 받은 로스 제독은 올리비에Ollibier 대령에게 정족산성의 공격을 명하였다. 11월 9일 올리비에는 160명의 분견대를 이끌고 야포 없이 경무장으로 정족산성 공략에 나섰다. 이에 남문과 동문을 지키던 조선군은 쳐들어오는 프랑스군에게 일제히 사격을 가함으로써 격전이 벌어지는데 격전 결과 프랑스군은 전사자 6명 포함 60여 명의 사상자를 냈고, 조선군의 피해는 전사자 1명, 부상자 4명에 불과하였다.

이 전투에서 양헌수 장군은 훈련도 제대로 안 된 군사들과 사냥꾼들로 구성된 비정규군으로 무기체계의 열세에도 승리를 거둔다. 비록 프랑스군이 철수할 때 외규장각도서 345권과 은괴 19상자를 약탈했고 로스 제독 스스로 프랑스 선교사 학살에 대한 보복을 성공적으로 끝냈다고 주장하였지만, 군사적으로 볼 때는 프랑스는 실패한 전투였고 벨로네 공사를 비롯한 북경의 모든 외교관들도 그의 원정이 실패로 끝났다고 간주할 정도였다고 한다.

양헌수 장군은 조선군의 약점에도 그 한계를 냉철하게 보고 비록 정규군 훈련을 받진 않았지만 총을 능숙하게 다루는 사냥꾼과 포수를 중심으로 전력을 편성하여 승리를 쟁취할 수 있었다.

가장 불리하다고 여겨지는 그때에도 내가 가진 장점을 집중적으로 활용한다면 승리는 분명 우리에게 미소를 보낸다는 역사의 교훈이다.

'나만의 승리 DNA'를 찾자

우리 몸에는 내재화된 승리 DNA가 있다. 자기 자신을 믿자. '내재된 승리 Code'는 우리의 부모 그리고 조상들과 함께 만든 DNA라는 매개체로 전해지면서 강화된 것이다.

잘되는 것에 대해 조상님께 감사해야 한다. 그리고 잘못되는 것은 전생의 전략과 현재의 삶을 연결시키지 못한 나의 탓이며, 현명하게 노력하지 않는 내 탓으로 돌려야 맞다.

우리 모두에게는 각자의 천재성이 있다. 천재라고 하면 자신과 상관없는 이야기라고 말하는 사람이 많다. 내가 말하는 천재성은 일반적인 정의와는 다르다. 다른 사람의 능력과 비교해서 뛰어난 능력이 아니라 자기 안에 이미 깃들어 있는 능력 가운데 가장 뛰어난 능력이 바로 천재성이다. 그리고 이 천재성이야말로 앞으로 자신이 할 일을 찾아내는 데 중요한 열쇠가 된다.

– 〈꿈 PD 채인영입니다〉에서 –

우리는 세상에 하나밖에 없는 나만의 상품으로 승부를 걸어야 한다. 세상에 단 하나뿐인 나는 그 누구와도 비교가 안 되는 명품 중의 명품이다. 진정한 명품은 세상에 하나밖에 없는 것이 아닌가?

그 명품은 바로 부모님으로부터 물려받은 성격, 그동안 내가 학습하고 체험한 지식과 경험, 주변 사람들, 이 요소들의 상호작용을 통해 형성된 가치관에 의해서 만들어진다.

먼저 성격은 그 누구와도 같지 않은 나만의 것을 결정하는 핵심적 요소이다. 심지어 『성격의 탄생 Personality; what makes you the way you are』의 저자 대니얼 네틀 Daniel Nettle은 "성격이 운명을 결정한다"고 까지 말한다.

그는 성격의 5가지 주요 특징이 상호작용하면서 우리 인생의 주요 순간에 반응하고, 선택하며, 행동하고 이러한 행태들이 습관화됨으로써 결국은 운명에까지 영향을 미친다고 주장한다.

성격의 5대 주요 요소는 다음과 같다. 사람들은 저마다 외향적이고 사회성이 좋은 사람도 있고, 또 어떤 사람들은 성실하고 인내심이 많으며, 어떤 사람들은 예민하며, 또 어떤 사람들은 개방적이다. 이 모두가 성격을 결정하는 요인들로 각 사람은 이들 요소의 결합

<5가지 성격의 특성>

성격 특성	주요 심리	혜택(장점)	비용(단점)
외향성	보상에 대하여 민감	높은 보상 추구	육체적 위험 불안정한 가족관계
신경성	위협에 대하여 민감	경계, 노력	근심, 우울증
성실성	충동 억제	계획, 절제	경직성, 순발력 부족
친화성	타인에 대한 존중	조화로운 사회관계	자아를 앞세우지 못함 높은 사회적 지위를 획득하지 못함
개방성	정신적 연상의 광대함	예술적 감수성 확산된 사고	이상한 믿음 정신병에 취약

을 통해 자기만의 성격을 만들어낸다. 물론 이러한 인자들은 대체로 부모에게서 물려받는다.

우리는 흔히 외향적인 사람들은 성공하기 쉽다는 믿음을 갖곤 한다. 그러나 외향적인 사람들은 일벌레는 되겠지만 가족관계에서 어려움을 겪는 사람들이 많다.

신경질적인 사람들에 대해서는 부정적으로 생각하는 경우가 적지 않다. 그러나 사실 이들은 정신적으로 예민하여 미묘한 변화 포착 능력이 뛰어난 사람들이다. 개방적인 사람들은 정신병에 취약하나 예술적 감수성이 풍부해서 창의적인 직업에 적합하다.

또한 성실한 사람은 절제된 생활을 통해 성공하기 쉽다는 믿음도 있지만 한편으로 답답하고 순발력이 부족한 부분도 있다. 사람관계를 좋아하는 사람들 역시 조화로운 사람으로 생각되지만 남에게 이용당하기 쉬운 단점도 있다. 개방적인 사람들은 예술적인 성향과 창의성에 강점을 가지고 있지만 다소 지나치면 이상한 것에 끌리게 되는 위험에 처할 수 있다.

이렇듯 성격은 좋은 면과 그렇지 않은 면을 동시에 가지고 있다. 신경질적이라서 실패하고, 사회성이 좋아 성공하는 그런 것은 없다. 세상에는 성격이 별로 좋지 않은 사람들도 성공하고, 성격이 좋은 사람이라도 성공과 담을 쌓은 사람들이 많다. 성격은 그저 우리가 삶을 살아가는 자산이다. 모두가 성공에 필요한 것들이다. 좋은 성격, 나쁜 성격은 없다. 다만 다를 뿐이다. 이 다름을 잘 활용하는 것이 중요하다.

우리만의 명품을 만드는 두번째 요소는 지식과 경험이다. 지식과 경험은 사회적 성공의 핵심적 자산이다. 그러나 똑같은 지식과 경험은 진정한 의미로 보면 가치가 있다고 볼 수는 없다. 남도 다 아는 지식, 남이 다 경험한 것이 무슨 의미가 있겠는가? 그보다는 오히려 남들이 모르는 나만 알고 있는 지식, 나만 체험한 것들이 훨씬 가치 있는 것은 자명하다. 그런 관점에서 자신에게 다음의 질문을 던져보자.

① 나의 역량이 되는 지식과 경험이 가치 있는 것인가?
② 남이 베끼거나 따라올 수 없는 것인가?
③ 정말 희소한 것인가?
④ 다른 것과 대체될 수 없는 것인가?
⑤ 지속 가능한 것인가?

바로 위의 질문들 중 앞의 4항목은 자원기반 관점을 토대로 미국의 바니Jay B. Barney 교수가 제시한 '경쟁우위'를 결정하는 '핵심역량'에 관한 질문들이다. 그러나 그는 시간이라는 변수를 반영하지 못했다. 핵심역량은 시간이 지나도 지속 가능한 것이어야 한다. 시간이 지나도 남이 도저히 따라 할 수 없는 '핵심역량'을 갖추는 것은 나만의 것으로 승부할 때 가능한 것이다.

그런 점에서 마사 스튜어트는 자기가 가장 잘할 수 있는 핵심역량으로 승부를 건 여성이다. 그녀가 자신이 잘할 수 있는 분야가 사업과 연관될 수 있다는 생각, 그리고 그것을 현실화시키려는 시도를 하지 않았다면 단지 평범한 증권가의 여성으로 끝나거나 평범한 자영업을 하는 주부에 머물렀을 것이다. 그러나 그녀는 가장 잘하는 분야, 가장 재미있는 분야, 가정주부와 가장 잘 어울리는 분야를 선택했고 그리고 성공했다.

앞서의 질문들을 스튜어트에게 적용해보면 그녀가 시도한 것들이 그녀에게 가장 적합한 것이었음을 확인할 수 있을 것이다.

왜냐하면 그녀가 그전에 했던 일들은 일상적인 보통의 다른 사람과 별 차이가 없는 그런 일일 뿐 그녀만의 유일한 명품을 만드는 과정이 아니었기 때문이다. 그러나 가사를 중심으로 한 사업은 그녀만의 강점이었다. 교사이자 주부였던 어머니에게서 요리와 제빵, 바느질 등 가사와 관련된 일을, 제약회사 영업사원이자 정원사였던 아버지로부터는 화초와 정원관리 등을 배웠다. 모두가 그녀 주변의 것이었고 좋아하는 것이었으며, 잘하는 일이었다. 딸을 위해 직장도 포기할 정도로 가정 일에 최고의 가치를 둔 그녀였기에 살림이

〈한국경제〉 2011.6.15일자 A10면 기사에서

〈살림 비즈니스로 억만장자가 된 마사 스튜어트〉

마사 스튜어트는 가정생활과 관련된 사업으로 크게 성공한 미국의 여성기업인이다. 전 세계 가정주부들에게는 살림과 가정의 소중함을 일깨워준 살림의 여왕이다. 1941년 미국 뉴저지 주에서 가난한 폴란드계 이민자의 둘째 딸로 태어난 스튜어트는 뉴욕 바너드대를 졸업한 뒤 증권 브로커로 직장생활을 시작했다. 이후 자신의 딸에게 좋은 어머니가 되기 위해 1972년 코네티컷 주 웨스트포트로 이주해 주문 음식을 제공하는 사업을 하였다.

자영업을 하는 평범한 가정주부로 끝날 수 있었던 그녀가 유명해진 것은 요리나 바느질, 집단장, 화초 가꾸기 등 자신의 살림살이 재주와 풍부한 정보를 십분 활용해 엮어낸 요리와 살림 정보 책자 『엔터테이닝』이 베스트셀러가 되면서부터였다.

그녀는 『엔터테이닝』의 성공으로 1987년 할인점 K마트의 컨설턴트 겸 대변인으로 발탁됐다. 1990년에는 타임워너의 출판사업 부문과 제휴해 가정살림에 관한 지혜와 노하우를 집대성한 가정생활 잡지 〈마사 스튜어트 매거진〉을 출간했다. 스튜어트는 행복한 가정에 대한 이미지를 담은 살림법으로 많은 독자를 확보했다. 1993년에는 자신의 이름을 딴 TV 프로그램 〈마사 스튜어트 리빙〉에 출연하여 높은 시청률을 기록하기도 했다.

스튜어트는 1999년, 가정생활에 대한 정보 제공과 관련된 물품판매를 출판, TV, 소매, 인터넷 마케팅 등 사업을 벌이는 '마사 스튜어트 리빙 옴니미디어'를 설립, 뉴욕증권거래소에 상장하여 6억 달러를 벌어들이기도 했다. 스튜어트는 〈포천〉의 '가장 유력한 여성 50인'에 두 번이나 선정되었고, 〈타임〉은 그를 '미국에서 가장 영향력 있는 25인'에 선정하기도 했다.

라는 전통적 개념을 새로운 비즈니스로 창출할 수 있었다.

승리 코드는 내게 있다. 내가 가진 것에서 출발한다. 우리 보통 사람들은 세상 모두가 바라는 것을 맹목적으로 따라가는 그런 방식으로는 무엇 하나 건질 수 없다. 지쳐 헤매거나 허우적거리다가 결국 손에 쥐는 것은 하나도 없게 된다. 그들이 보여주는 것들에 관심을 두지 말자. 나만 골병들 뿐이다.

남의 것을 부러워하면 지는 거다

남들이 가진 것에 대해 절대 부러워하지 말자. '남이 가진 것의 일부분이라도 가졌으면 좋으련만.'이라는 생각을 종종 해본다. 그러나 그것을 가진다고 우리에게 과연 득이 될까? 엄청난 부를 가진다고 행복해질까? 복권에 당첨되어 한꺼번에 부를 거머쥐게 된 사람들이 얼마 안가서 망하는 건 왜일까? 부가 그의 인생에는 바람직한 것이 아니기 때문 아닌가? 남들이 가진 것을 가져도 결코 나의 인생에 득이 되지 않는다는 것을 이 생을 선택할 때 우리는 이미 알았다. 나만의 무기로 무장해도 결코 지지 않을 것이란 계산이 끝났다. '부러워하면 지는 거다.'

일본의 노벨상 수상자인 마스카와 도시히데 교수가 영어를 잘하기 위해 물리학 공부보다 영어에 집중했다면 아마도 그는 평범한 물리학 교수는 되었을지언정 노벨상 수상자가 되기는 어려웠을 것이다.

2008년 노벨 물리학상을 받은 공동수상자인 교토산업대 마스카와 도시히데 교수는 노벨상 수상식에 참가하기 전까지는 여권도 만든 적이 없고, 노벨상 수상 소감도 일본어로 했다.

그는 영어를 거의 말하지도 못하고 잘 쓰지도 못했다. 나고야대 학원 입학시험 때 영어시험이 너무 형편없어서 학교 쪽에서 그를 합격시킬지를 놓고 난상토론이 벌어졌을 정도였단다.

외국의 학회 초대가 많았지만 영어를 사용하기 싫어해서 모두 거절한 것으로 유명하다. 영어논문 작성도 공동논문일 경우 다른 교수에게 맡긴다고 한다. 불가피하게 본인이 직접 작성할 경우에도 알파벳이 많이 틀렸다고 한다.

1978년 도쿄에서 열린 국제회의 때 불가피하게 영어로 발표하게 되었는데 그는 대학원생이 준비해준 영문을 빠른 말투로 읽은 뒤 질의응답도 받지 않고 연단을 내려와 참가자들을 어리둥절하게 만들었다.

마스카와 도시히데 교수의 상품은 영어도 잘하고 물리도 잘하는 그런 것이 아니다. 그는 영어를 잘하도록 태어난 것 같지는 않다. 사람들마다 타고난 자질이 다르다. 그는 대부분의 학자들이 영어를 어느 정도 구사함에도 용기를 갖고 자기만의 스타일을 고집했다. 그리고 성공했다.

자기만의 것으로 승부해야 최고가 될 수 있다. 나 자신만의 가치관, 즉 소신과 철학을 지키는 것이 중요하다. 세상이 정신없이 변한다고 그 세상을 잡고자 정신없이 따라가다가는 꿩도 매도 다 놓친다. 그런 일은 재빠른 사람들이나 하는 일이다. 우리 같은 소시민은 경기가 좋은 장세에서도 주식투자를 하면 상투 잡는 일이 허다하다.

따라서 우리는 원칙을 지키고, 소신대로 사는 것이 더 중요하다. 우리가 소신을 지키고 움직이지 않는다면 오히려 재빠른 사람들이 그들의 능력을 발휘하지 못하는 환경을 만들 수도 있다. 그렇게 소신대로 묵묵히 살다 보면 언젠가 세상은 우리를 알아줄 때가 있다. 다시 말해 우리에게 유리한 싸움터가 되는 것이다. 이것이 재빠른 사람들과의 싸움에서 이기는 방식이다.

초조하고 부러워하면 내 페이스를 잃게 된다. 괜히 자존심만 무너지고 스트레스로 인해 건강도 상하고 돈도 잃게 된다.
세상에는 빠른 사람도 있고 느린 사람도 있다. 어떤 사람은 어릴 때부터 일찍이 천재성을 발휘한다. 이런 사람들이 지속적으로 발전해야 나라가 사는데 아쉽게도 그런 경우는 많지 않은 것 같다.
또 어떤 사람들은 늦게야 머리가 트인다. 그러고 보면 사람들의 능력은 거기서 거기다. 다만 일찍 그 능력이 발휘되느냐, 늦게 발휘되느냐의 문제이다.
어쩌면 조기에 떴다가 사그라지는 것보다는 은은하게 천천히 탄력이 붙어 중반 이후부터 승부를 거는 삶이 더 매력적일 수 있다. 그런 점에서 대기만성(大器晚成)이라는 말은 딱 이 경우에 해당된다. 배우는 데 있어서 좌절하거나 실망하지 말고 꾸준히 자기 페이스로 전진할 일이다.

감옥과 수도원의 차이가 있다면
불평을 하느냐, 감사를 하느냐는 것 뿐이다.
감옥이라도 감사를 하면 수도원이 될 수 있다.

마쓰시타 고노스케

- ✓ 지상에 존재하는 모든 생명체는 승자이다. 그들은 형태가 어떠하건, 지능이 높건 낮건 각자의 방식으로 현재 우리와 함께 그 험난한 시대를 거쳐 살아남았기 때문이다.

- ✓ 불평등을 뛰어넘을 희망이 우리 모두의 DNA 속에 코드화되어 있다. 우리 모두는 이 전쟁 같은 세상에서 승리하고 행복할 수 있는 방식으로 태어났다.

- ✓ 우리는 승리하기 위해 우리의 삶을 각자의 여건에 맞춰 자신에게 가장 효율적이고 가장 적합한 방식과 조건을 선택한 것이다.

- ✓ '나'라는 정체성은 타고난 기질과 자기만의 환경에서 단련된 성품, 그리고 현재까지 축적된 다양한 지식과 경험, 나아가 인생철학과 가치관이 결합된 세상에 단 하나뿐인 '나'만의 상품이다. 이 상품이 세상에서 최고의 명품이다.

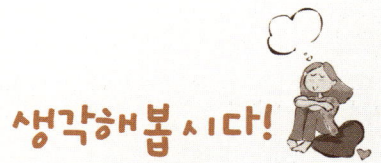

● 자신만의 명품을 나열해봅시다.

① 나의 부모와 가정환경은 어떻고, 이를 통해 내게 유익한 것은 무엇인지요? (4개 이상 꼭 적어봅시다)

② 관심 있는 분야는 어떤 분야인가요? 그것이 정말 재미있는 건가요? 아니면 돈벌이가 되어서 관심 있는 건가요?

③ 지금까지 배운 것들을 적어봅시다. 학점과 자격증을 적어보고 그중에서 내가 좋아하는 것과 성적이 좋은 것을 골라봅시다.

④ 지금까지 경험한 것들을 적어봅시다. (해외여행, 아르바이트, 취미 등)

● 이제 이들을 결합함으로써 나만의 상품을 설계해보세요.

전략 2

졸병 승리의 Key, 차별화

> 누구도 해낸 적이 없는 성취란
> 누구도 시도한 적이 없는 방법을
> 통해서만 가능하다.
>
> 프랜시스 베이컨

우리를 슬프게 하는 1등만 기억하는 세상

　세상은 불평등할 뿐만 아니라 1등만을 기억하려 한다. 1등이 아니면 의미가 없다. 애초에 불평등하게 경쟁했다면 승자보다는 패자에게 관심을 가져줘야 하는 것이 인지상정인데 세상은 그렇지 않다. 1등이 아닌 2등에게 세상은 아쉬움과 한탄, 억울함을 제공하는 슬픈 대상이다. 방송국 개그 프로그램의 코너처럼 참으로 우리를 '슬푸게' 하는 세상이다.
　1등을 향한 우리의 모습은 치열한 경쟁으로 나타난다. 유치원 때부터 대학진학을 위해 영어, 수학, 논술 등은 기본이고 거기다가 피아노, 미술, 체육교실 등 가야 할 곳이 한두 개가 아니다. 그리고 거기서도 1등을 위한 경쟁을 한다.

2011년도 입시 예측자료에 의하면 서울에 있는 상위 20개 대학이라는 곳에 들어가려면 수능성적을 기준으로 전국에서 상위 7~8%에 들어야 하고, 이른바 SKY라고 하는 대학을 들어가려면 상위 1~2% 내에 들어가야 한단다.

이러니 일찍부터 아이들을 과외나 학원으로 내몰아야 하는 어쩔 수 없는 상황이 벌어진다. 그렇다고 대학을 나와도 좋은 직장, 출세를 장담할 수 있는 것도 아닌데 말이다.

1등만 기억하는 세상은 대학진학뿐만이 아니다. 직장에서도 마찬가지이다. 어렵게 취직을 하고 나면 이젠 승진을 위해 끊임없이 경쟁해야 한다. 글로벌 경제 전쟁에서 기업 간 경쟁은 더욱 치열하다. 각국은 자국의 경제이익을 극대화하기 위해 다양한 무역정책을 펴고 있으며 기업들은 이러한 경쟁에서 도태되지 않기 위해 생존을 걸고 투쟁한다.

혹자들은 오늘날 우리 기업들이 글로벌 경쟁에서 선전하고 있는데, 이는 우리 사회가 어릴 때부터 치열하게 경쟁을 하게 만드는 구조이기 때문에 가능했다는 분석을 내놓기도 한다.

글로벌 경쟁에서 승리할 수 있는 능력을 키우기 위해 사회적으로 만들어진 이 경쟁구도는 우리 같은 보통 사람들이 피할 수 있는 것이 아니다.

그리고 우리 보통 사람들 대부분은 이 구조 속에서 패배자요 피해자이다.

차별화는 나의 영역을 찾는 일에서 시작된다

1등만 기억하는 이런 상황에서 어떻게 하면 승리하고 성공할 수 있을까? 내가 가진 것 자체가 재산이고 보물이라고 하니 나 자신을 믿으려 해도, 객관적으로 우리보다 형편이 좋고 머리도 좋으며 지독하고 약삭빠른 사람들과 어떻게 경쟁할 것인가?

전쟁에서의 승리는 적이 예측하지 못하는 행동을 하는 데 있다. 적이 예측하지 못하도록 하기 위해서는 군대와 무기가 새로운 것이어야 하고, 지휘관의 리더십과 전략이 독창적인 것이어야 한다. 새로움과 독창성은 남의 것, 이미 알고 있는 것보다는 우리만의 것으로 싸울 때 발휘된다. 다른 나라에서도 쓰이는 무기는 그 장·단점에 대해 너무 잘 알려져 있다. 그래서 싸움 좀 하는 선진국들은 그들만의 기술과 전략으로 승부하려 한다.

바로 그것이 차별화이다. 차별화는 자기의 방식으로 구현되어야 하며 자기만의 능력으로 승부할 때 작동된다. 이것을 우리는 전략적 차별화라고 한다.

앞서 언급한 전략 1과 지금 말하고 있는 전략 2인 차별화전략의 차이는 무엇인가? 그것은 '시각을 어디에 두느냐'에 있다. 자기만의 자산으로 승부하는 전략은 초점이 자신에게 있는 것이며, 차별화전략은 적이나 경쟁자까지를 보는 것이 초점이다.

차별화전략을 통해 우리는 적과 경쟁자를 보고 나의 장점이 얼마나 승산이 있느냐를 계산해볼 수 있다. 이는 내 능력의 객관적 검증의 과정이기도 하다.

그림에서 보는 바와 같이 차별화는 내가 잘하는 것부터 시작해야 한다.

	내가 못하는 것	내가 잘하는 것
남들이 잘하는 것	red ocean (버림/회피전략)	적당히 따라하기 (유지전략)
남들이 못하는 것	지속적 관심 대상	blue ocean (적극적 참여/투자) -차별화전략-

〈차별화 영역을 찾는 방법〉

물론 내가 잘하는 것만으로는 한계가 있다. 나 혼자만 잘하는 게 아니라 경쟁자도 잘하는 것이라면 내가 두각을 나타내기가 쉽지 않다. 그런 분야에서 남을 이기려면 엄청난 시간과 노력이 필요하다.

그 길은 고난의 길이다. 그리고 성공을 보장할 수도 없다. 그러므로 우리는 우리의 경쟁자가 못하는 분야, 관심을 갖지 않은 분야에서 승부해야 한다. 그들보다 더 나은 능력으로 경쟁해야 나의 잘난 점이 더욱 선명하게 부각된다. 그것이 차별화전략의 근본 원리이다.

자연계의 생존법칙, 차별화

　차별화의 원리도 자연에서 찾을 수 있다. 인간들이 다른 종에 비해 부족한 점이 많음에도 생태계의 최정상을 차지할 수 있는 이유는 다른 종들이 갖고 있지 않는 능력, 즉 뇌를 발전시켰기 때문이다. 생태계라는 전장에서 다른 어떤 종보다 우수한 머리를 활용했기 때문이다. 그전까지 생태계는 힘 꽤나 쓰는 녀석들의 차지였다.

　그러나 인간이 이 전쟁터에 등장하면서부터 싸움의 법칙이 바뀌었다. 인간들은 힘센 자가 이기는 정글의 법칙을 따르지 않고 치사하게도(?) 자신들에게 유리한 방식으로 싸우기 시작했다. 강력한 힘이나 스피드로 승부하기보다는 다소 느리지만 씀씀이가 그 어떤 생명체보다 탁월한 머리와 손을 전쟁에 활용하기 시작했고, 승리자가 되었다.

　모든 생명체에게는 자기에게 유리한 조건과 싸우는 방식이 있다. 차별화전략은 생태계에 존재하는 수많은 생명체가 활용하는 기본 전략이다. 현존하는 모든 생명체 역시 그들만의 차별화전략을 통해 성공적으로 살아남았다.

　강자만이 살아남는다는 '정글의 법칙'이 작동하는 우리 생태계를 자세히 보면 절대강자인 호랑이와 사자들의 후예만 살아남지 않았다. 나무늘보도 살아남았고 약한 토끼도 살아남았다. 매우 약해 보이는 곤충들도 훌륭히 살아남았다.

　생태계에 현존하는 모든 생물의 선조들은 이 험난한 세상에서 그들의 후손들이 성공적으로 살아남을 수 있도록 그들만의 전략을 유전자 속에 코드화했다. 그것이 바로 차별화이다.

　탁월한 전략의 사례는 나무늘보가 대표적이다. 익히 알다시피 나무늘보는 매우 느리다. 그 정도의 속도라면 포식자들의 손쉬운 사냥감이다. 그러나 나무늘보는 포식자가 접근하기 어려운 나무 위를 그들의 삶의 터전으로 잡았다. 그곳에서 나무늘보는 포식자를 피하기 위해 빨리 달릴 필요가 없다. 다만 나무에서 떨어지지만 않으면 된다. 따라서 그들은 갈고리 같은 기능만 강화했다. 이렇듯 자연계의 모든 종은 나무늘보처럼 그들의 삶의 영역과 기능을 차별화했다.

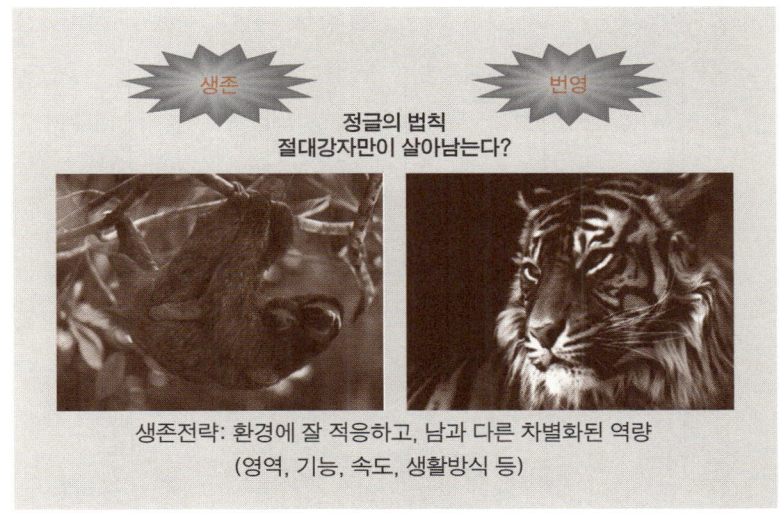

〈나무늘보와 호랑이〉

졸병이는 어떻게 후손을 남길까?

차별화전략이야말로 모든 생명체의 생존에 절대적인 것이다. 차별화전략은 같은 종 내에서도 활용한다. 필자의 가족이 경험한 재미난 예가 있다.

언젠가 딸아이가 자연 학습 프로그램에 참가하여 장수풍뎅이 애벌레 3마리를 얻어 왔다. 꼬물꼬물 움직이는 게 징그럽다고 버리라는 엄마의 말에도 성충이 되면 예쁘다며 사진까지 보여주면서 설득하였고, 몇 푼 안 되는 용돈으로 먹이도 사주고 열심히 키웠다.

얼마 안 가서 이들은 번데기가 되었고 드디어 성충이 되었다. 이들 세 마리는 암컷 한 마리, 수컷 두 마리였다. 수컷 두 마리 중 한 놈은 뿔이 크고 건장해서 아이들이 '장군이'라고 이름을 붙여주었다. 또 한 놈은 뿔도 작고 몸집도 상대적으로 작고 못생겨 '졸병이'라고 지어주었다. 성충이 된 장수풍뎅이의 주 임무는 번식이다.

사실 아이들에게는 이들의 번식을 통해 새끼들을 분양하면 용돈을 벌 수 있을 거라는 장밋빛 희망이 있었다. 따라서 이왕이면 암컷이 장군이의 새끼들을 가졌으면 했다. 그리고 그렇게 될 것으로 낙관했다. 그러나 이들이 죽고 몇 달이 지난 후 성충이 된 새끼들을 보니 '장군이'의 새끼가 아닌 '졸병이'의 자식들이었다.

아이들은 실망했고 의아한 우리 가족은 회의를 열었다. 도대체 왜 전부 '졸병이'의 자식들일까? 토의 결과 우리 가족은 '졸병이'가 한 행동에 감탄했다.

힘이 약한 '졸병이'는 장군이가 암컷에게 가면 힘이 약해도 방해를 했고 얻어맞아 가면서도 귀찮게 했다. 그리고 장군이가 한눈파는 사이에 암컷에게 다가갔다. 물론 그러다가 '장군이'에게 걸려 뿔로 받히고 얻어맞는 일이 다반사였다. 그럼에도 '졸병이'가 승리한 것은 그의 탁월한 전략 때문이었다.

〈장군이와 졸병이〉

'졸병이'는 '장군이'가 일어나기 1시간 전쯤 먼저 일어났고 장군이가 잠들고 나서 1시간 후까지 깨어 있었다. 즉 하루 중 2시간을 '장군이'의 방해를 받지 않고 암컷과 좋은(?) 시간을 보낼 수 있었다. '장군이'는 힘센 것만 믿고 나태했고 '졸병이'는 불리한 여건을 부지런함과 끈기 그리고 꾸준함이라는 탁월한 전략을 절묘하게 활용했다. 시간대를 차별화한 것이다.

신세를 한탄하지 말고 자신을 신뢰하자

승리의 시작은 자신을 신뢰하는 것에서부터 출발한다. 왜 자신을 신뢰해야 하는가? 그것이 성공과 승리에 어떤 관계가 있기에 그럴까?

대체로 부정적인 사람들은 다음과 같이 말한다. 왜 세상은 불공평할까? 왜 이런 일이 나한테만 일어날까? 그러곤 자신의 신세를 한탄한다. 그러나 우리도 알다시피 머피의 법칙은 모든 사람에게 똑같이 작동된다.

그럼에도 부정적인 사람들은 머피가 꼭 나한테만 해코지한다고 생각한다. 애써 피해간다고 했는데 꼭 막히는 길만 찾은 나는 왜 이럴까? 같은 길에서도 왜 내가 타는 차선만 막히는 것일까? 문제는 왜 내게만 집중될까? 이런 생각이 늘 떠나지 않는다.

부정적인 사람들의 대부분은 불안, 초조, 공포를 품고 있다. 이들은 실패의 가능성을 과도하게 높게 계산한다. 그러곤 늘 투덜거린다.

대체로 사람들은 남이 투덜거리는 것을 싫어한다. 실패한 사람들은 그 불평과 탄식을 통해 위로받고 싶어 하지만 가까운 사람 일부를 제외하고는 대부분의 사람은 본능적으로 불평하는 사람을 싫어하고, 그들의 한탄에 공감하지 않는다.

왜냐하면 그들의 부정적인 생각, 언행으로 내가 오염될까 두렵기 때문이다. 특히나 중요한 일을 준비하고 있거나 진행하고 있는 사람들의 경우는 실패했거나 부정적인 사람들을 만나면 잘되어가는 일도 틀어질까 봐 접촉 자체를 꺼리기도 한다.

사실 실패는 성공의 어머니이고 실패를 통해서 배울 수 있다. 그러나 이는 어디까지나 실패를 통해 배울 수 있는 긍정적 자세를 가진 사람에게 한정된 말이다. 사람들은 실패의 교훈이 듣고 싶은 것이지 투덜거리는 소리를 들으려 하는 것은 아니기 때문이다. 대부분의 실패자들은 부정적이다. 반면 성공한 대부분의 사람들의 생각은 긍정적이다. 성공했기 때문에 긍정적일 수도 있지만, 긍정적이었기 때문에 그 어려운 상황에서도 좌절하지 않았다고 보는 것이 더 적절한 해석이다.

실패의 원인은 대체로 내게로부터 나온다. 물론 극히 일부분의 경우는 환경이 뒷받침되지 못하고 운이 나쁜 경우도 있다. 그러나 운이 나쁜 경우에도 성공으로 전환하는 사례는 수없이 많다. 성공도 내가 만들고 실패도 내가 만들 수 있는 것이다.

자기 자신을 그저 평범한 여러 사람들 중 하나라고 생각해서는 안 된다. 자기 자신에 대한 무한한 신뢰와 사랑을 보내야 한다. 자기만의 경험과 지식, 감정 등과 같은 콘텐츠를 소중히 여길 줄 알아야 한다. 그래야 세상에서 나만이 갖고 있는 그 유일한 세계 최고의 돌팔매질로 골리앗과 승부를 걸 수 있다.

자기를 소중히 여길 때 확신이 생기고, 열정이 뿜어져 나오며, 이는 세계 그 어느 무기도 따라올 수 없는 동급 최강의 무기가 되는 것이다.

똑같은 천재성을 가졌으나 자기를 사랑한 사람과 늘 자신에 대해 자신이 없었던 사람은 결국 인생이 달라졌다. 후세는 그들 모두가 지녔던 뛰어난 천재성에 주목했지만 개인의 삶의 관점에서 보았을 때 평가는 달라질 수 있다.

한 사람은 세상에 대해 무한한 동경과 찬사를 보낸 반면 그렇지 못한 자기에 대해 늘 자신이 없었다. 그에게 있어 세상은 눈부심 그 자체이고, 그 눈부심은 노란색이었다. 달리 눈부신 세상을 표현할 색채가 없었다. 반면 그 자신은 늘 우울해 보였다. 밝고 눈부신 세상과 동화되지 못한 외톨이는 그의 자화상처럼 우울했다. 그렇게 암울한 상황을 이겨내지 못한 그는 결국 젊은 나이에 자살을 선택했다.

또 한 사람은 주변 사람들의 시선에 상관없이 세상을 자기 기준으로 보았다. 우스꽝스러운 세상, 그리고 자신도 그 세상과 동화된

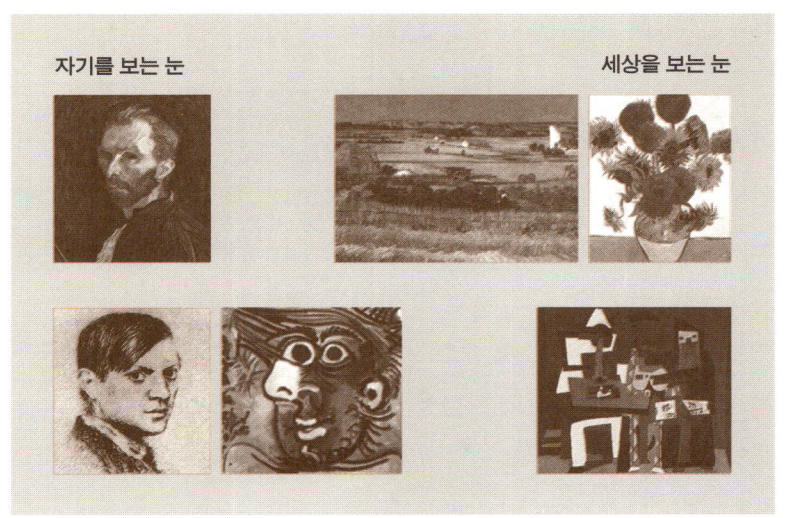

〈고흐와 피카소〉

모습으로 즐겁게 표현하고 있다. 그는 누가 뭐라 해도 자신을 사랑했고 천수를 누렸다. 여러분은 고흐의 인생을 살 것인가? 피카소의 인생을 살 것인가?

차별화로 승부한 사람들

약육강식의 세상, 1등만 기억하는 세상에서는 '장군이'만 살아남아야 하고 '장군이' 씨만 번성해야 한다. 그러나 하늘은 '졸병이'의 후손도 살아갈 수 있는 기회를 주셨다. 사실 '졸병이'의 차별화전략은 생태계의 많은 종과 개체들이 야행성, 주행성으로 그들의 삶의 시간을 선택하여 차별화한 것의 연장선이다. 이를 실천에 옮긴 사람들이 있었으니 바로 함평군민들이었다.

> 돈도 없고, 사람도 없고, 변변한 특산물도 하나 없는, 그야말로 아무것도 없는 전라도 깡촌이 발칵 뒤집혔다! 대한민국 사람 열의 아홉은 어디에 붙어 있는지도 몰랐던 외딴 시골 마을에서 축제 하나로 관람객 1,500만 명에 2,000억 원 경제효과를 창출해낸 기적을 만든 것이다.
>
> 그 기적의 주인공은 바로 전라남도 함평군. 그들에게 '나비축제'는 단순히 축제가 아니었다. 남들은 그저 '기적'이라는 쉬운 말로 표현하지만 그들에게는 습관처럼 몸에 배어버린 체념과 부정을 떨쳐낸 긴 투쟁의 시간이자, 어차피 실패할 거라고 포기해버렸던 기회를

다시 움켜쥔 와신상담의 시간이었다.

평범한 사람들이 만들어낸 결코 평범하지 않은 일, 그것은 불가능한 꿈이었기에 더욱 값진 것이었다. 이석형 군수 개인의 능력만이 아닌 모든 군민의 협력을 바탕으로 일궈낸 기적이었다.

그들의 기적은 차별화전략의 극치이다. 함평군은 도시민들이 좋아하는 놀이동산을 만들기도 적절치 않았고, 없어도 너무 없는 곳이었다. 재정자립도는 10%대 초반이고 정부지원으로 근근히 연명하고 있는 상태였다. 사람들은 흔히 이곳을 3무(無)의 고장이라고 했다. 천연자원도 없고, 관광자원도 없고, 산업자원도 없는 그야말로 아무것도 없는 곳이었다.

그래서 그들이 선택한 것은 도시인들이 함평군에서 진짜 시골을 맛볼 수 있도록 하는 것이었다. 진짜 시골을 보여주기 위해 메밀밭도 만들어보고 유채꽃 밭도 만들어보기도 했다. 그러나 이러한 테마는 다른 지역에서도 있는 것이었다.

그래서 다른 지역과 완전히 다른 것을 선택한 것이 바로 나비축제였다. 아이들이 시골에서 뛰놀며 본 노랑나비, 도시에서는 잘 볼 수 없는 나비, 깨끗한 환경과 청정한 자연에서만 보이는 나비에 초점을 맞추었다. 이것은 다른 도시에서 볼 수 없는 것이었고, 다른 시골의 테마로 활용되지 않은 분명히 차별화된 아이템이었다. 그리고 그것은 적중했다.

— 박성혁의 『나비의 꿈』에서 —

차별화는 잘만 활용하면 능력자가 아니더라도 승리할 수 전략이다. 강자에 맞설 수 있는 지렛대 역할을 할 수 있는 것이다. 군사전

마쥔 지음/임홍빈 옮김, 『손자병법 교양강의』에서

〈U2기를 격추한 소련의 차별화전략〉

1960년 5월 11일, 미 국방부 펜타곤과 CIA가 동시에 발칵 뒤집혔다. 소련 영공을 제 집처럼 드나들며 사진을 찍어대던 미국의 고공 첩보기 U2가 격추되고 조종사까지 포로로 잡혔다는 소식이 전해졌기 때문이다.

U2의 비행고도는 2만 m, 당시 소련의 대공미사일 사정거리는 고작 1만 m였다. 그런데 U2가 격추되었다는 뜻은 혹시?

바로 그때 소련 공산당 서기장 후르시초프가 성명을 발표했다. "우리 소련은 세계 어디라도 요격할 수 있는 대륙간 탄도미사일을 보유하고 있다." 그까짓 2만 m 상공의 U2쯤이야 언제든 떨어뜨릴 수 있다는 뜻이다. 미국 입장에선 청천벽력의 소리였다. 하지만 그의 발언은 몽땅 허풍이었다. U2기는 미사일이 아니라 사람이 떨어뜨렸기 때문이다.

소련정보국 KGB는 모하메드라는 아프간 공군 조종사를 포섭, U2기 격납고가 있는 파키스탄의 미 공군기지에 잠입시켰다. 그 과정에서 모하메드는 친구의 도움을 받아 U2기에 접근하여 조종석의 고도 계기판 나사 하나를 빼서 똑같은 모양의 자석나사로 바꿔 끼웠다. 며칠 후 출동한 U2기가 고도 1만 m에 도달했을 때 고도계는 자석의 방해로 이미 2만 m를 가리키고 있었다.

소련은 U2의 문제를 미사일 개발이라는 시간과 비용이 많이 드는 통상적 방식으로 대응한 것이 아니라, 대인정보를 활용하여 비용과 시간을 절약하였다.

략에서 차별화전략은 비대칭전략으로 언급된다. 강한 나라와 동일한 무기체계로 승부를 걸 수 없을 때 다른 방식과 무기체계로 싸우는 것을 말한다. U2기를 격추한 과거 소련의 방식이 바로 그것이다.

재래식 첨단무기를 구입하거나 개발할 비용이 없는 국가나 군대가 적은 비용으로 대량살상효과를 가져오는 무기를 확보하는 전략도 비대칭전략이고, 차별화전략의 연장선이다.

우리는 인간 세상에서 어떤 차별화전략을 구사할 것인가? 아무리 해도 안 될 것 같은 치열한 경쟁 구도 속에서 난 과연 승리할 수 있을까? 승리하기 위해 폼나게 호랑이가 노는 영역으로, 사자가 뛰노는 초원으로 가서 그들과 싸울 것인가? 그렇게 이겼다면 존경받아 마땅할 것이다. 그러나 그건 타잔이나 할 수 있는 것이며, 우리가 그 방식으로 싸운다면 승리는 고사하고 생명을 보전하기도 어렵다.

나무늘보처럼 호랑이나 사자가 노는 곳에 가지 말자. 강자들의 영역에 발을 들여놓는 순간 아무리 열심히 달려도, 아무리 힘을 길러도 승부는 이미 결정되어 있다. 상대가 강한 턱과 날카로운 발톱을 가졌다면 우리는 총을 가지고 싸워야 한다. 졸병이의 전략을 배우자. 내가 이길 수 있는 그런 싸움을 하자.

그리고 이길 수 있는 장소와 시간을 선택하고 이길 수 있는 방법으로 싸우자. 그것이 차별화전략의 시작이고 끝이다.

능력자들도 활용하는 차별화전략

차별화는 내가 잘하는 것부터 시작한다. 그러나 내가 잘하는 것만으로는 한계가 있다. 나 말고 경쟁자도 잘하는 것이라면 내가 두각을 나타내기가 쉽지 않다. 경쟁자가 못하는 분야에서 내가 잘해야 나의 잘난 점이 부각된다.

차별화는 약자들만의 전략이 아니다. 강자들에게도 절대적으로 필요한 전략이다. 피카소의 사례가 대표적인 경우이다. 20세 입체파를 창시한 그는 어릴 적부터 미술의 신동이었다. 그래서인지 자신의 미술 실력을 자신하여 학업을 중도에 포기하고 일찍이 전문화가로서의 길을 걷기 시작했다. 그러나 미술 시장에는 그처럼 그림을 잘 그리는 사람이 너무도 많았다. 그제야 피카소는 그 많은 화가들과 자신이 별 차이가 없다는 것을 알았다. 아니 그들보다 자신이 뛰어나다고 말할 수 있는 특별한 것이 하나도 없어 보였다. 그래서 그는 남이 가지 않은 새로운 길을 가기로 했고 수많은 고민과 시도 끝에 20세기의 대표적 예술 사조인 큐비즘을 만들 수 있었다.

오늘날 우리의 음악시장에서 이와 같은 현상은 어렵지 않게 찾아볼 수 있다. 노래방의 대중화로 우리 주변엔 노래 잘하는 사람들이 꽤나 있다. 이른바 가수 이상의 가창력을 가졌는데 그들은 왜 가수로 데뷔할 수 없을까? 우리의 가수시장이 폐쇄적이라서 그런가? 그런 면도 있을 수 있겠지만 또 하나의 이유가 바로 차별화 부족이다.

세상에 노래 잘하는 사람은 참 많으나 자기만의 음색, 흔히 말해 자기만의 노래를 부르는 사람은 많지 않다. 자기만의 노래를 부를 때만이 비로소 가수로 성공할 수 있다. 피카소가 성공한 이유와 동일하다. 남들과 다른 차별화전략이다.

차별화의 또 다른 사례는 어린이들의 대통령에 대한 이야기에서도 찾을 수 있다. 그는 아이의 울음을 멈추게 하고, 치과치료의 공포도 사라지게 할 정도로 아이들에게는 신과 같은 존재이다.

그는 만으로 7살 된 펭귄, 추운 극지방에서 북극곰 포비, 여우 에디, 공룡 크롱을 비롯해 다양한 동물 친구들과 좌충우돌 에피소드를 만들어내며 산다. 명랑하고 돌발적인 성격이지만 나이답지 않게 꽤나 의젓한 그의 이름은 '뽀로로'다.

현재 친부확인 소송중에 있는 뽀로로는 2003년 EBS에서 첫 방송을 타면서 본래는 상업적 목적으로 기획된 것이므로 회사에서도 이렇게 반응이 뜨거울지는 몰랐다고 했다. 그러나 2010년 소비시장 연 5,200억 원 매출, 로열티 120억, 110개국 해외 수출의 신화를 거둔 '뽀로로'의 성공에는 치밀한 전략이 숨어 있었다.

뽀로로는 애니메이션의 최대 강국인 일본에서 연 200여 편 이상의 신작이 출시되고 검증된 20여 작품들이 수출되고 있었으나, 아동용 애니메이션 대비 유아용 애니메이션의 비율이 매우 작다는 것을 알고 3~5세 유아를 타깃으로 틈새시장을 노렸다.

뽀로로는 펭귄을 캐릭터화했다. 유아들이 좋아할 만한 동물을 골랐고 당시 최대표의 6살, 3살 아이들이 집안에서 '쪼르르' 왔다갔다 하던 모습에서 착안했다고 한다. 아이들이 아장아장 걷는 자세에 둥글둥글한 외모를 보고 펭귄을 선택하였다.

또 펭귄과 걸맞은 이름을 고르기 위해 '포르르' '뽀르르'를 거쳐 '뽀로로 펭귄'이 탄생하였다. 물론 그전에 'Pingu'라는 펭귄 캐릭터가 있었지만 스토리를 보강하고, 구성, 디자인, 색감, 3D, 연출 등을 보강함으로써 완전히 차별화된 '뽀로로'를 탄생시켰다.

그리고 기존의 타 애니메이션과의 차별화를 두기 위해 기존 유아용 애니메이션의 특징인 'Edu-tainment(교육 70%+엔터테인먼트 30%)'의 비율을 'Enter-cation(엔터테인먼트 70%+교육 30%)'으로 비율 전환을 시도하였다. 또한 애니메이션에 끝내지 않고 출판, 영상, 캐릭터 상품 등을 통한 비즈니스 수익 모델로의 시도도 성공 요인으로 작용하였다. 참고로 '뽀로로' 애니메이션의 시청률은 높았으나 방송수입은 전체 수입의 10% 수준이고 그 외 비즈니스 수익이 90%를 차지하고 있다.

-최종일 아이코닉스 대표이사 강의에서(2011.6.15)-

'뽀통령'의 탄생은 강자들의 치열한 싸움에서 차별화를 통해 승리를 쟁취한 최상의 전략에 있었다. 차별화전략의 구사는 선택의 문제가 아니다. 이는 세상과 싸워나가야만 하는 링 위에 올라간 모든 선수들이 구사해야 할 필수적 생존 수단이다.

강자들과 싸워 이기는 것은 쉬운 일은 아니다. 그러나 발상의 전환, 강자들의 약점을 찾아 나의 강점으로 승부하면 승리는 우리의 것이 될 수 있다. 차별화전략의 구사로 언제든 가능한 일이다. 화장품 회사 미샤의 도전도 이러한 차별화전략에서 시작되었다.

이동현 지음, 『경영의 교양을 읽는다』 현대편에서

〈온라인 전용 화장품 회사 '미샤'〉

우리나라 저가 화장품 시장의 선두주자인 미샤는 인터넷과 전문매장 중심의 영업을 기치로 혜성같이 등장했다.

본래 화장품은 고부가가치 산업 중 하나다. 그래서 대부분의 화장품 회사들은 화장품 산업을 '아름다움에 대한 꿈과 희망을 주는 것'으로 생각하고 막대한 돈을 투자해 자사 브랜드를 신비스럽게 하거나 제품 고급화에 역점을 둔다. 하지만 미샤의 시각은 달랐다. 화장품을 '생활필수품'으로 정의한 것이다. 미샤는 비용을 낮추는 것이 소비자를 위한 길이라고 생각했다. 그리고 이를 비즈니스 모델에 적용했다.

미샤의 비즈니스 모델을 기존 화장품 업체들과 비교하면 다음과 같다. 첫째, 고객은 제품의 가격보다는 품질을 중요하게 생각하고 경제적 여유가 있는 20대 후반 이후의 여성들이 대부분이다. 하지만 미샤는 가격에 민감하고 예쁘게 꾸미기 위해 화장품을 구매하는 10대 후반에서 20대 초반의 여성들을 목표고객으로 삼았다.

둘째, 기존 화장품 업체들은 유명 모델을 내세워 제품원가보다 수십배 높은 가격으로 소비자에게 제품을 판매해 왔다. 그러나 미샤는 포장을 최소화하고 제조를 아웃소싱해 값싸고 질 좋은 제품을 소비자들에게 공급했다. 대신 미샤는 자체 공장에서 연구개발을 하고, 완성품에 대한 철저한 검사를 통해 품질 좋은 제품을 판매하는 체계를 구축했다.

셋째, 기존 화장품 업체들은 중간 유통단계를 거쳐 화장품을 판매했으나 미샤는 중간유통 단계를 없애고 인터넷과 전문 브랜드 숍을 통해 직접 소비자에게 판매하는 방식을 이용했다. 이를 통해 유통마진을 대폭 줄였다.

강자들의 방식을 따라 해서는 승산이 없다. 세상에 알려진 법칙과 규칙이란 강자들이 그들의 우월적 지위를 유지하기 위해 만들어 놓은 수단일 때가 많다. 차별화전략은 그 법칙의 빈틈을 공격하는 것으로 시작한다.

베트남 전쟁에서 지압 장군은 병력과 화력이 압도적으로 우세한 미군과 정면대결을 철저히 피했다. 대신 전쟁의 개념을 바꿨다. 전쟁은 군인만 하는 것이라는 통념에서 벗어나 주민도 자발적으로 전쟁에 참여하도록 했다. 전투조직도 혁신해 북베트남 주력군 외에 성 단위의 지방군, 마을 단위의 게릴라 등 셋으로 나눴다. 이들이 유기적으로 움직이면서 미군을 교란하고 습격했다.

> 나에게 진실이 되는 믿음 통해
> 나의 힘은 최대한 활용할 수 있게 되며,
> 이는 내가 가진 장점을 현실에 적용할 수 있는
> 최선의 길이다.
>
> 앙드레지드

✓ 강자만이 살아남는다는 '정글의 법칙'이 작동하는 우리 생태계에 절대강자인 호랑이와 사자만 살아남지 않았다. 나무늘보도 살아남았고 토끼도 살아남았다. 약한 졸병이도 훌륭히 살아남았다. 차별화전략은 생태계에 존재하는 수많은 생명체가 활용하는 기본적 전략이다. 현존하는 모든 생명체가 그들만의 차별화전략을 통해 성공적으로 살아남았다.

✓ 모든 생명체에게는 자기에게 유리한 조건과 자기에게 맞는 싸움의 방식이 있다. 생태계에 현존하는 모든 생물의 선조들은 이 험난한 세상에서 그들의 후손들이 성공적으로 살아남을 수 있는 전략을 유전자 속에 코드화했다.

✓ 차별화는 내가 잘하는 것부터 시작해야 한다. 우리의 경쟁자가 못하는 분야, 관심을 갖지 않은 분야에서 승부해야 한다. 그들보다 더 나은 능력으로 경쟁해야 나의 잘난 점이 더욱 선명하게 부각된다. 그것이 차별화전략의 근본 원리이다.

✓ 강자들의 방식을 따라 해서는 승산이 없다. 세상에 알려진 법칙과 규칙이란 강자들이 그들의 우월적 지위를 유지하기 위해 만들어놓은 수단일 때가 많다. 차별화전략은 그 법칙의 허점을 공격하는 것으로 시작한다.

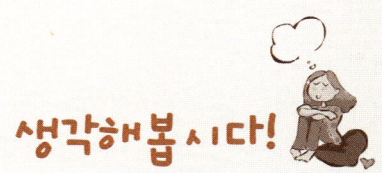

- 당신은 세상에서 살아남을 전략을 가지고 있습니까? 없다면 다음을 생각해봅시다.

- 당신의 상대는 어떤 무기로 싸우고 있습니까? 실력, 외모, 집안배경, 아니면 인맥입니까?

- 당신의 상대에게 약점은 무엇입니까?

- 당신의 경쟁자를 상대로 당신이 발휘할만한 무기는 무엇이며, 어떤 전략을 구사할 것입니까?

전략 3
조직의 보호 아래 내공을 쌓는다

> 성공하고 싶다면 이것만 기억하라.
> 당신이 하고 있는 일을
> 알고, 즐기고, 그것에 확신을 가져라.
>
> 윌 로저스

뭐니 뭐니 해도 실력이 최고다

승부를 걸 때에는 자기 실력에 맞는 파트너를 찾아야 한다. 그리고 승리하기 위해 평소에 실력을 갈고 닦아야 한다. 그래야 승부의 순간에 그동안 쌓아놓은 실력으로 승부할 수 있다. 당연히 승부의 순간에도 최고 능력을 발휘하기 위해서 열과 성을 다해야 한다.

문제는 실력도 안 되는데 덤비는 사람들이 있다. 참 피곤한 사람들이다. 물론 낙수가 바위를 뚫는 경우도 있다. 그러나 계란으로 바위를 치는 것은 아무리 해도 계란만 깨질 뿐이다. 실력이 안 되면 절대 싸움을 걸어서는 안 된다.

실력이란 무엇인가? 실력은 우리가 추구하는 돈, 권력, 그리고 명예를 얻기 위한 기반 능력이다.

그리고 실력은 다음 세 가지로 나뉜다. 먼저 학습능력은 그 사람이 실력이 있는지 없는지를 알아보는 가장 중요한 척도인 것 같다. 그렇지만 학습능력 외에도 성품, 사람과의 관계능력도 성공을 위해 필요한 요소들이다. 실패한 사람들을 보면 대체로 인지적 능력(학습능력), 정서적 능력(성격), 관계적(사회적) 능력의 부족에 기인한다. 학습능력은 성공에 필요한 지식을 축적하는 것과 관련된다.

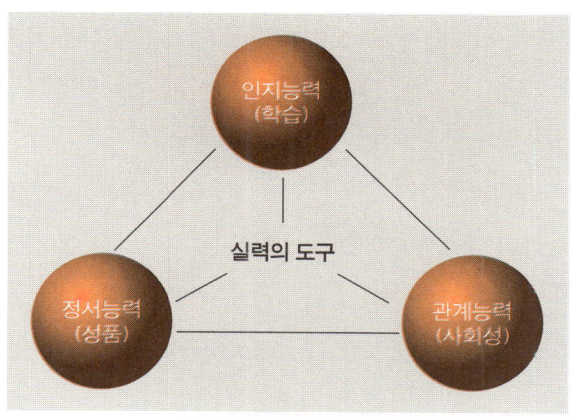

〈실력의 도구〉

어찌되었건 지식을 습득하는 능력이 부족하다는 것은 21세기 지식사회를 사는 데 치명적이다. 지식은 과거와 달리 우리가 원하면 언제든지 얻을 수 있는 무한한 자원이다. 이 자원을 활용하지 못하는 자는 도태된다. 그러지 않기 위해서는 늘 필요한 분야의 책과 정보를 수시로 접하는 습관을 들여야 한다. 관련 분야뿐만 아니라 시사, 상식, 교양 등도 접해두면 좋은 것들이다.

나름 전문가라고 어깨에 힘만 주어서는 승자의 자리를 지속적으로 유지할 수 없다. 종종 전문가라는 사람들이 평범한 학생, 직장인들 가운데 숨어 있는 '오타쿠'나 '폐인'들에게 곤욕을 치루는 경우를 자주 보곤 한다. 방송토론회에서 유명 연구소나 대학의 연구원 또는 교수가 진부한 논리와 내용으로 주장하는 경우가 있는 반면, 평범한 일반인이 최신의 상식을 가지고 명쾌한 논리를 펴는 경우가 있다.

사실 요즘은 기업에서도 새로운 지식을 얻고자 대학교수를 초빙하는 것이 아니라 사장단과 임원진의 의지와 논리를 뒷받침하고자 부른다. 아주 특수한 분야인 국방영역에서도 평범한 직장인들이 모인 군사동호회 게시판에 실려 있는 전쟁사와 전략, 각종 무기체계에 대한 지식의 수준이 상당하다. 이제는 전문가와 일반인의 거리가 그리 멀지 않다.

그럼에도 자신이 최고이며, 전문가라고 믿는 사람들이 많다. 학위나 자격증만으로 실력을 평가하는 사람들, 그들은 자신에 대해 무한한(?) 신뢰를 보낸다. 오만으로 시작된 그 종착역은 빈 깡통들이 모이는 재활용처리장임에 틀림없다. 겸손하게 낮은 자세로 꾸준하게 지식탐구에 매진해야 할 것이다.

좋은 성격은 세상과 사람을 대하는 긍정적 태도를 형성하며 자신의 발전에 도움이 된다. 대인관계가 좋은 사람들은 능력에 날개를 더한 격이다. 이것도 무시하지 못할 실력 중 하나이다. 한때 실력과 인간관계를 따로 생각한 적이 있었다. 특히 인간관계로 인한 성공을 부정직한 것으로 여겼다. 나보다 실력도 부족하고 공부도 못한 친구가 승진도 잘하고 돈도 잘 번 경우가 허다하다. 그럴 때 '세상 참 웃긴다. 공정하지가 못해!'라고 한탄하고 불평한다.

그런데 공부를 잘한 사람만 성공하면 그런 세상도 좋은 세상일까? 공부 잘하는 사람에게는 그렇게 보일지 몰라도 공부 못하는 사람 입장에서는 별로 좋은 세상이 아니다.

공부를 못했던 머리가 조금 부족한 사람도 성공할 수 있어야 더 좋은 세상이 아닌가? 공부만 잘한 사람들 중에는 인간성이 나쁘고, 남을 무시하는 자들이 종종 있다. 그런 자들의 세상이라면 별로 좋은 세상은 아닐 듯싶다.

그래서 사람들은 다소 실력이 부족해도 인간성 좋고, 나한테 잘해주는 사람을 곁에 두고 싶어 하나 보다. 보직에서, 승진에서 그리고 사업파트너로서 능력보다는 신뢰를 줄 수 있는 사람이 더 중요하게 고려되는 이유이다. 성품과 인간관계도 능력이다.

최근 중요하게 거론되는 능력 중 하나는 적응력이다. 적응력이 있는 사람들은 참 빠른 사람들이다. 세상의 변화에 민감하게 반응하는 사람들은 어쩌면 약삭빠른 사람들이다. 나처럼 세상 변화에 둔한 사람들을 비웃듯 쳐다보며, 유유히 어려운 상황을 잘도 벗어나는 사람들이다.

특히 이런 사람들은 윗사람이 바뀌어도 문제없이 적응하는 사람들이다. B-플레이어인 우리로선 절망적이다. 전임 부서장에게도 잘 보이고 신임을 받았던 것 같았는데, 새로운 신임 부서장은 성격도 다르고 일하는 스타일도 다르며 중요하게 생각하는 것도 다른데 어찌 그리도 잘 적응하는지? 부러움을 넘어 정말 밉기까지 하다.

그럼 우리 같은 사람은 어떤가? 세상은 왜 이리 자주 변하는지? '새로운 신임 부서장은 왜 일관성 없게 전임 부서장이 애써 해놓은 일들을 확 바꿔버리는지? 이래서 조직이 잘되겠어? 그리고 저 박쥐 같은 놈들 때문에 조직이 절딴 나겠네!' 라고 걱정한다. 그런데 이상하게도 조직은 끄떡없이 잘만 굴러간다. 누가 승자이고, 누가 패자이겠는가?

조직을 통한 생존과 번영

실력을 키우려면 어떻게 해야 하나? 혼자 그 많은 실력을 쌓는 건 현실적으로 불가능하다. 돈도 많이 들고 시간도 필요하다. 그럼 다른 방법이 있을까? 바로 조직을 활용하는 것이다.

앞서 언급했듯이 인류는 자연계의 강한 녀석들과 싸우기 위해 서로 협력했다. 공동체는 인간이 삶을 지탱하는 데 유용한 기능을 했다. 물론 공동체 사회를 이루는 것은 인간만이 아니다. 대부분의 생명체들 역시 그들 나름의 공동체를 형성한다. 인간과 같이 고도의 시스템을 구축한 생물도 있다.

그러나 대부분의 생명체들은 종의 생존을 위해 사회를 만들었다.

교육과학기술부 블로그 〈아이디어 팩토리〉 최재천 교수의 글에서

〈지구를 지배하는 또 하나의 사회, 개미〉

이 지구상에서 우리 인간과 가장 가까운 동물은 누구일까? 유전자만 비교한다면 단연코 침팬지이다. 인간과 침팬지는 유전자의 거의 99%를 공유하는 정말 가까운 사촌이다. 그러나 우리와 엄청나게 다른 생물이지만, 사회 구조와 하는 짓으로 보면 우리와 놀랄 만큼 비슷한 무리이 있다. 바로 개미이다.

개미는 세계 굴지의 자동차회사 포드의 창설자 헨리 포드가 고안하여 오늘날 세계 모든 자동차 공장들은 물론 대부분의 제조공장들이 채택하고 있는 컨베이어벨트 방식의 분업을 한다.

개미들이 벌이는 사업은 매우 다양하다. 지금도 몇몇 오지에서 수렵채집생활을 하는 사람들처럼 사냥을 하기도 하고 동물들의 시체를 수거하거나 온갖 종류의 식물성 음식을 거둬들이기도 한다. 진딧물 등 온갖 곤충들을 포식동물들로부터 보호해주고 그 대가로 단물을 제공받는 낙농개미들도 있고, 식물을 초식곤충들로부터 보호해주고 식물이 제공하는 영양분을 취하는 이른바 보디가드 산업을 하는 개미들도 있다.

그런가 하면 우리 인간이 그랬듯이 농사를 지을 줄 알게 된 개미가 있다. 바로 지금으로부터 적어도 6천만 년 전부터 거대한 지하 버섯농장을 경영하고 있는 개미들도 있다. 일명 일꾼개미들은 인류의 농업 역사가 불과 1만 년 정도인 데 비하면 엄청난 전통을 지닌 지구 최초의 농사꾼이다.

이렇듯 개미는 왕이 통치하는 나라를 세우고, 농사를 짓거나 가축을 기르며, 고도의 분업제도를 개발했다. 대규모 전쟁을 일으키거나 대량학살의 만행을 저지르기도 하며, 전쟁에서 납치한 포로들을 노예로 만들어 부려먹기도 한다.

물론 개미의 경우는 독특하게 예외이기도 하지만 말이다.

어쨌든 인류는 만물을 지배하기 시작하면서 자신들의 공동체 안에서 자기 것을 지키고 더 많이 갖기 위해 서로 경쟁해 왔다. 그 경쟁은 이기는 자가 모든 것을 다 갖기 위한 것이며, 절대강자가 누구인가를 가르는 싸움이다.

절대강자가 되기 위해서는 실력이 필요하다. 그래서 열심히 노력한다. 그래야 좋은 대학을 가고, 그리고 좋은 직장을 얻을 수 있다. 실력은 두 가지 과정을 통해 얻어진다. 하나는 개인적으로 노력해서 키우는 것이고, 또 다른 하나는 조직의 도움을 통하는 길이다.

자, 그러면 우리는 어떤 과정을 택해야 하는가? 물론 둘 다 할 수 있으면 최고이다. 그러나 하나를 고르라고 한다면 강자들과 싸울 힘과 능력이 생길 때까지 조직의 보호 아래 실력을 길러야 한다고 말하고 싶다. 단언컨대 강자가 아니라고 생각되면 절대 홀로 나서지 마라.

제 아무리 무림의 고수일지라도 처음부터 혼자 고고하게 무예를 수련하지는 않는다. 그 역시 강호의 어느 지파에 들어가 자기보다 능력이 앞선 고수에게 수련 받고 내공을 쌓으며 그런 후에 지존의 자리에 오르는 길을 갔다. 그런데 하물며 우리 같은 보통 사람들이랴! 조직은 수련하기 아주 좋은 곳이다. 혼자 수련하는 것보다 시간과 노력을 절약할 수 있고, 동료와 협력하고 경쟁하면서 무공의 깊이를 더할 수 있기 때문이다.

내공이 쌓인 능력자들은 수련이 끝나고 스승과 소림사, 동료의 도움에서 벗어나 하산하여 자기만의 세상을 가지만, 보통의 우리들은 능력자들처럼 내공이 쉽게 쌓이질 않는다. 우리 B-플레이어들은 스승이 하산을 명할 때까지 소림사를 떠날 수 없다. 홀로 설 수 있을 만한 능력이 축적되지 않았기 때문이며, 그러니 계속해서 스승의 가르침이 필요하다.

조직은 보호막이며, 연구소이며, 학교다. 배우고 실험하는 데 있어 든든한 후원자이며, 치열한 약육강식의 세상에서 안전하게 보호해주는 온실이다. 그 온실 속에서 우리 B-플레이어들은 자신의 이상을 실현하고, 인내를 배우며, 능력을 개발하고, 동료들과 경쟁하는 법을 배운다.

조직을 떠나는 순간? 제명이 된다!

세상이 정신없이 돌아가고 위험해도 소림사에서는 주어진 일과 시키는 일만 하면 먹고 사는 데 그리 큰 지장이 없다. 혼자 무림의 세계에 남겨져 살아가야 한다고 생각해보자. 얼마나 외롭고 끔찍한가? 약육강식의 세상에서 호랑이와 사자, 그리고 상어들의 먹잇감이 될 뿐이다. 그 처절함에 당당히 나설 만큼 실력과 용기가 없다면 감히 도전하지 말지어다.

소규모 자영업이든 큰 사업을 하든 필자는 이분들이 존경스러울 뿐이다. 처절한 외풍을 그 어떤 보호막 없이 온 몸으로 부딪히고 있으니…. 누군가의 보호와 지원이 없다면 세상살이는 훨씬 더 힘들고 처절하다. 그러니 조직인의 삶이 얼마나 행복한가? 그럼에도 우리는 가끔 배부른 소리를 한다. 능력도 없는데 상사가 여러 가지로 짜증나게 한다며 사표를 던지겠다고 큰소리를 친다. 분명히 말하는데 한때 욱 하는 성질로 '사표를 던진다면 그 순간… 제명이다!'

실제로 직장인 10명 중 9명은 어느 순간 모든 걸 팽개친 채 사라지고 싶어지는 '정신가출증후군'을 경험한 적이 있는 것으로 조사됐다.

취업포털 '사람인'에 따르면 직장인 1,391명을 대상으로 "귀하는 정신가출 증후군을 경험한 적이 있습니까?"라고 질문한 결과 87.8%가 '있다'고 답했다.

정신가출증후군의 원인으로는 '피로누적 등 체력적 한계'가 57%로 첫 번째로 꼽았다. 다음으로 '반복되는 지루한 일상' 47.2%, '과도하게 많은 업무량' 42.4%, '개인적인 시간 부족' 35.2%, '불투명한 회사 비전' 32.8%, '낮은 연봉' 30.7% 등이 있었다.

그렇다면 실제로 모든 것을 팽개치고 떠나본 경험이 있는 직장인은 얼마나 될까? 응답자의 29.1%가 '일탈 경험이 있다'고 답했으며, 일탈 방법으로는 '퇴사'가 43.7%로 1위를 차지했다. 이어 '국내여행' 33.8%, '해외여행' 21.1%, '무단결근' 18.6% 등의 순이었다.

반면 모든 걸 팽개치고 사라지고 싶었지만 실행에 옮기지 못한 직장인 866명은 그 이유로 '경제적인 타격이 클 것 같아서'를 가장 많이 선택했다. 다음으로 '용기가 없어서' 40.9%, '충동적인 결정 같아서' 39.4%, '동료 및 회사에 피해를 줄 것 같아서' 25.6%, '떠나도 갈 곳이 없어서' 23.6%, '이기적인 결정 같아서' 20.3% 등의 의견이

〈세계일보〉 2010.6.20일자

〈부메랑 효과, 평판조회〉

온라인 취업포털 '사람인'이 기업 인사 담당자 431명을 대상으로 '경력직 채용 시 평판조회'를 주제로 조사한 결과 33.2%가 '평판조회를 하고 있다'라고 답했다.

기업 형태별로 살펴보면 '외국계 기업'(73.3%)이 가장 많았고, 다음으로 '대기업'(58.6%), '공기업'(54.6%), '중소기업'(29%) 순이었다. 평판조회를 통해 확인하는 부분으로는 '성격 및 인성'(69.2%, 복수응답)을 첫 번째로 꼽았다. 이어 '근무태도'(61.5%), '이직 사유'(40.6%), '대인관계'(39.2%), '조직적응력'(32.9%), '커뮤니케이션 능력'(12.6%), '성과'(12.6%), '업무 방식'(7%) 등이 있었다.

평판조회를 하는 이유로는 53.8%(복수응답)가 '개인의 성향 등이 업무 성과나 분위기에 영향을 미쳐서'라고 응답했다. 다음으로는 '서류만으로 평가하기 어려워서'(44.8%), '조직 문화에 맞는 인재를 선발할 수 있어서'(25.2%), '과장, 위조 여부를 확인할 수 있어서'(25.2%), '다양한 모습을 파악할 수 있어서'(18.2%), '중요한 직책, 직무라서'(13.3%) 등의 순으로 나타났다.

채용 평가 시 평판조회 결과가 미치는 영향으로는 '참고만 한다'는 의견이 37.1%로 가장 많았지만, '당락에 결정적인 영향'(33.6%)을 주거나, '채용 평가 항목에 점수로 반영'(28%)하는 등 평가에 직접적인 영향을 준다는 응답도 절반이 넘었다.

있었다.

- 〈메디컬투데이〉 2011.06.23일자 -

욱 하는 성질로 이전 직장에서 불편한 관계로 끝을 냈다면 다음 직장에서도 그 꼬리표는 따라간다. 왜냐하면 경력사원을 채용할 때 업무 능력 등을 검증하기 위해 대부분의 기업들은 이전 직장에서 어떻게 일했는지를 체크하기 때문이다. 이른바 '평판조회' Reference Check를 하기 때문이다.

그러니 쉽게 조직과 등지지 마라. 조직이 싫어 정말로 떠나겠다고 해도 절대 불편한 관계를 만들지 말아야 한다. 이전 직장은 다음 나의 발전에 후원자요 지지자가 되어야 한다.

어리석은 자들만이 전 직장에 대해 불평한다. 능력을 펼치기 어려운 조직이라는 등, 위계적인 조직문화, 불공정한 것이라는 등의 평가는 '누워서 하늘에다 침 뱉는 것'과 다름없다.

조직은 우리를 키워주는 학교다

약한 자가 홀로 세상에 선다는 것은 치명적이다. 조직을 떠난다는 것은 온실에서 벗어나 험난한 정글로 들어선다는 것을 의미한다. 그리고 그것은 순전히 나의 능력만으로 세상을 헤쳐 나가야 한다는 것을 의미하기도 한다.

새로운 출발점을 강호의 경쟁자들보다 유리하게 시작하느냐 아니냐는 전적으로 내게 달렸다. 저 험난한 세상에 홀로 내팽개쳐져도 거뜬히 살아남을 수 있도록 열심히 조직에서 배워라. 내가 앞으로 상대해야 하는 적과 전장에서 승리하고 살아남기 위해서는 조직의 보호 아래 내공을 쌓아야 한다. 조직에서 배우지 않으면 세상에서는 훨씬 더 큰 희생과 대가를 지불해야 한다. 그리고 조직이 더 이상 우리를 필요로 하지 않을 때 미련 없이 쿨하게 떠날 수 있도록 대비해야 한다. 그러나 역설적으로 그렇게 역량을 축적했다면 조직은 그대를 버리지 않을 것이다.

그러니 어쨌든 쿨하게 조직을 떠날 수 있을 때, 그대들은 조직과 함께했던 모든 사람에게 그간의 후원과 지도에 진정으로 감사를 표하게 될 것이다. 그리고 세상 밖으로 나가 내가 전에 있던 조직을 통해 얼마나 성장했음을 무림에서 당당하게 펼쳐 보일 수 있을 것이다. 대표적인 사람이 미국의 콜린 파월 국무장관이다.

> 1937년 뉴욕 맨해튼의 할렘에서 태어나 브롱크스에서 성장한 자메이카 이민 2세인 파월이 흑인으로서 합참의장과 국무장관이 될 것으로 기대한 사람은 거의 없었다. 중·고등학교와 대학교 성적이 탁월하지 않았기에 법대와 의대 등 인기학과 대신 뉴욕시립대에서 지질학을 전공했고, ROTC 장교로 1962년 베트남전에 참전하였다. 베트남에서 돌아온 이후 육군에서 복무하면서 조지워싱턴대에서 MBA를 취득하기도 했다. 그는 중령 때인 1970년대에 주한 미군으로 한국에서 근무한 적도 있다. 그는 군 생활을 통해 능력을 인정받으면서 승진을 거듭하였고 마침내 1989년에 대장으로 승

진하게 된다. 이어 흑인이자 ROTC 출신으로는 최초로 합참의장에 임명되어 걸프전을 성공적으로 지휘하였으며, 이후 국무장관에 오르게 되었다.

그는 학업 성적이 뛰어난 사람은 아니었다. 그러나 ROTC로 미 육군에서 조직과 사람을 관리하는 법, 자기개발, 리더십 등을 배웠으며 이를 통해 자신의 인생을 개척해 나갔다.

물론 같은 흑인 출신으로 성공한 사람들 중 현 미국 대통령 오바마와 라이스 전 국무장관도 있다. 하지만 그들은 일찍이 탁월한 능력, 좋은 배경 등을 지니고 조직보다는 자기 스스로 인생을 개척한 능력자들이다.

반면 파월은 조직을 통해 자신을 개발시킨 평범한 우리 같은 보통 사람으로서 성공한 인물로 볼 수 있다. 파월과 비슷한 인물로 우리나라에는 박세환 장군이 있다.

그는 경북 영주에서 가난한 농부의 아들로 태어났다. 가정형편상 학업을 지속하기가 어려워 고교 1년을 쉬면서 생계를 돌볼 정도였다. 1년 늦게 대학에 들어가 ROTC 제도가 시행되면서 1기로 군 생활을 시작하였다. ROTC 최초 장군, 사단장, 군사령관 등의 보직을 거쳤으며, 2선 국회의원 등을 역임하고 현재 한국재향군인회장이다. 그는 늘 ROTC 최초라는 수식어를 달고 다녔다. 군을 통해 그는 의도하지는 않았으나 성실히 복무함으로써 당시 권력의 핵심세력이었던 전두환, 노태우, 박세직 장군 등으로부터 능력을 인정받았으며, 이후 군 사령관을 하면서 지역봉사에 앞장서 한때 소원해진 민·군의 관계 복원에 많은 기여를 하였다. 필자가 곁에서 본 그는 소탈한 성격과 온화한 모습, 꾸준함과 성실함을 갖춘 분으로, 인연을 맺은 모든 이들을 끌어들이는 독특한 매력을 지녔다.

박세환 장군의 이러한 성품과 능력은 ROTC와 육군이라는 조직을 통해서 가능했으며, 조직을 통해 자신을 발전시켜갔다고 볼 수 있다. 조직은 자신을 발전시키는 더없이 좋은 훈련장이다.

등골만 빼먹는 상사라도 도움이 된다

조직의 도움이 필요하다고 해서 한정 없이 조직에 의지하는 건 바람직한 관계는 아니다. 조직과 구성원이 서로 도움을 주고받아야 건전한 관계가 되는 것이다. 조직은 직원들의 발전에 관심을 기울여야 한다. 직원들의 등골만 빼먹는 조직은 오래가기 어렵다. 사람들은 현명해서 상사의 의도를 쉽게 간파한다. 등골만 빼먹는 조직이나 상사에게 직원들은 최선을 다해 일하지 않는다. 애써 열심히 하는 척만 한다. 당연히 매출과 수익에 부정적 결과를 초래할 것이

〈한국경제〉 2009.12.15일자와
〈조선 Weekly Biz〉 2011.9.10일자 인터넷 판에서

〈상사에게 복수를 꿈꾸는 처량한 사람들…〉

취업정보업체 '인크루트'가 2011년 직장인 1,300명을 대상으로 설문조사를 한 결과, 96%의 직장인이 직장에서 복수를 꿈꿔본 적이 있다고 대답했다. 복수의 대상은 상사가 80.9%로 가장 높았다.

'언제 가장 복수하고 싶으냐?'는 질문에는 '무시하는 행동이나 말을 할 때(20.1%)', '독재자처럼 군림하려고 할 때(19.2%)', '지시사항을 무조건 강요할 때(12.5%)', '성과를 자신의 공인 양 떠들어댈 때(12.1%)', '지키지 못할 약속을 남발할 때(10.2%)', '윗사람에게서 받은 스트레스를 나에게 풀 때(9.4%)' 등의 의견이 있었다. 그리고 이런 상황을 타개하기 위한 해결책을 다음과 같이 제시하였다.

첫째, 나쁜 보스의 '밥'이 되지 마라. 나쁜 보스는 남을 지배하고 싶은 본능이 있다. 게다가 조직에서 인정을 받기 때문에 보스의 위치까지 오른 것이다. 그렇다면 자기주장은 하되, 주변을 잘 살펴 희생양이 되는 건 피하는 게 상책이다. 보스에게 자기주장을 펼칠 능력이 없다면, 친화력이라도 발휘해 보스의 후배들을 자신의 편으로 만드는 게 필요하다.

둘째, 옳은 사람이 아니라 필요한 사람이 돼라. 많은 직장인이 나쁜 보스로부터 탈출하기 위해 이직을 고민한다. 그러나 회사를 옮기는 것은 가장 하수(下手)의 방법이다. 나쁜 보스는 어느 조직에나 있기 때문이다. 『좋은 보스, 나쁜 보스』란 책을 쓴 로버트 서튼 스탠퍼드대 교수는 "현대의 일터는 '악질 상사' 때문에 골치를 앓고 있다"고 했다. 외국 회사라고 다를 바 없다.

결국 나쁜 보스를 피하려고 하지 말고, 회사에서 필요한 사람이 돼서 보스의 위치에 오르는 게 '나쁜 보스의 굴레'에서 벗어나는 길이다.

다. 반면 직원들의 발전에 도움을 주는 조직은 그들의 헌신으로 보상받는다.

그렇다고 마냥 조직에서 잘해주기만 기대할 것인가? 그렇게 운 좋은 경우는 많지 않다. 그래서 우리도 생각을 바꿔야 한다. 즉 직원의 등골만 빼먹는 조직이라도 우리가 하기에 따라 그것이 도움이 되기도 한다는 생각을 가져야 한다.

정말 죽이고 싶었던 상사에게 시달렸던 사람이라면, 물론 운이 없는 사람이지만 그래도 살아남은 사람이라면 그는 성공할 가능성이 높다. 충분히 맷집도 세졌을 테고 그 경험은 향후 성공하는 데 큰 밑거름이 된다. 웬만한 시련에도 견딜만한 내성이 축적되었기 때문이다. 능력 있는 상사를 만났다면 그 역시 내게 부족한 역량을 발전시키는 좋은 기회가 될 것이다.

상사를 탓할 일이 아니다. 어떤 사람들은 험악한 상사에게서도 살아남고, 또 어떤 사람들은 정말 좋은 상사에게서도 도움과 인정을 받지 못하는 것을 보면 모두가 자기 하기 나름인 것 같다.

조직에 공헌하며 나를 발전시킨다

어쨌든 보통 사람인 우리들은 조직의 도움이 절대적이다. 조직을 통해 우리의 부족한 역량을 보완해야 한다. 부족한 역량은 실력이고, 연줄이며, 인내심일 수 있다.

조직에서 다른 사람과 같이 어울리면서 연줄을 형성하고, 새로운 역량을 학습하고, 다양한 실험을 통해 자신을 발전시켜라. 자신을 발전시키고 조직에 공헌하는 능력은 다음과 같다. 경영학자 개리 해멀Gary Hammel은 자신의 책 『경영의 미래The Future of Management』에서 조직에 공헌하는 인간의 능력을 여섯 단계로 설명하고 있다.

가장 아래 단계에 있는 것이 '복종'이다. 조직과 상사들은 말 잘 듣는 직원을 여전히 좋아한다. 복종하는 직원은 위에서 시키는 대로 한다. 특별히 자기의 주장을 내세우지 않는다. 회사의 방향과 규칙을 잘 따르고 지킨다. 어찌 보면 조직에서의 가장 기본적인 능력이기도 하다.

다음 단계는 근면함이다. 부지런한 사람은 예쁘다. 지름길이나 손쉬운 방법을 찾기보다는 양심적이고 체계적으로 일한다. 우리가 모시고 있는 많은 상사들이 사실은 이러한 자질로 지금의 자리에 있다. 거슬러 올라가면 조직에서 성공하겠다고 마음먹은 사람들은 부지런함에 있어서 모범을 보였던 사람들이다. 늦게 퇴근하거나 심할 경우 회사에 야전 침대를 갖다놓고 거기서 자기도 했다

다음은 지식과 지성이다. 모든 조직은 똑똑한 사람을 뽑기 위해 노력한다. 그들은 조직 내에서도 새로운 기술을 습득하기 위해 노력하고 유능한 선배들을 존경하며 따른다. 회사의 당면 문제를 해결하는 데도 기여한다.

그렇지만 최근에는 이 세 가지 능력을 거의 공짜로 살 수 있다. 첨단제품들의 제조가 노동력이 싼 저개발 국가에서 이루어지고 있다. 모두가 정도 이상으로 시키는 대로 잘하고, 부지런하다. 지식과 정보도 도처에 널려 있어 이미 가치를 상실하고 있다.

지식과 지성 위에 추진력이 있다. 도전하는 정신으로 새로운 방법을 모색하는 사람들이다. 이들은 누구의 명령이나 지시를 받을 필요도 없다. 생각에만 머물러 있지 않으며 행동으로 옮기는 사람들이기도 하다.

다음 단계는 창의성이다. 고만고만한 상황에서 남들과 차별화할 수 있는 방법은 '창의성'이다. 애플은 전화기를 만들던 회사가 아니다. 그럼에도 아이디어 하나로 세계 최강의 스마트폰을 탄생 시켰다.

최상의 단계에 열정이 있다. 열정이란 궁극적으로 마음속의 뜻을 실현시키는 비밀의 열쇠이다. 열정은 모든 난관을 극복하고 목표를 이루게 한다. 방법론적인 무지조차도 열정 앞에서는 무색해진다. 이는 또한 전염성이 있어 조직에 전파되고 조직원을 한 방향으로 정렬케 한다.

개리 해멀은 이 다섯 가지 능력의 기여도를 다음과 같이 상대적으로 표현했다. 열정 35%, 창의성 25%, 추진력 20%, 지성 15%, 근면 5%, 그리고 복종은 0%라고….

이젠 조직도 복종과 근면보다는 열정과 창의성을 가진 직원들을 원하고 있다. 그리고 이 능력은 어느 조직에나 통용되는 능력이다. 같은 능력이라도 조직에도 공헌하고 나도 발전할 수 있는 능력에 집중하자.

다나카 고이치도 조직을 통해 그가 좋아하는 분야를 발견했고, 거기에 몰입할 수 있었으며 그의 이상을 실현할 수 있었다. 그가 만일 혼자 연구했다면 이러한 성취가 가능했겠는가?

죽을 때까지 한 조직에서 그들과 함께 삶을 누리는 사람들은 행

오토미 히로야스 지음/양익관 옮김,
『다나카 고이치, 자신을 경영하는 생각의 기술』에서

〈직장에서 내공을 쌓은 다나카 고이치〉

그는 1959년 8월 3일 일본 도야마현 도야마에서 태어나, 1983년 도호쿠대학교를 졸업하였다. 같은 해 일본의 분석기기 제조회사인 교토의 시마즈제작소에 입사해 연구센터 분석계측사업부 연구소 연구원(주임)이 되었다. 이후 연구를 계속하고 싶어 승진시험도 거부한 채 주임 직위를 고집하면서 연구에 전념하였다.

그러던 중 미국 버지니아 주 코먼웰스 대학교의 펜John B. Fenn, 스위스 연방공과대학교의 뷔트리히Kurt Wüthrich와 함께 생물체 속 고분자단백질 구조를 질량분석법과 핵자기공명 분광법을 통해 밝혀낸 공로로 2002년 노벨화학상을 받았다.

그는 일본의 평범한 회사에 근무하는 학사 출신 연구소 주임이었다. 대학 때 낙제를 해 동기들보다 1년이나 늦게 졸업했고 해외유학 경험도 없다.

졸업 후 '소니'에 지원했으나 실패하고, 시마즈제작소에 입사했다. 그는 20년 넘게 줄곧 한 직장의 연구실에서 연구에만 몰두하고 외모에는 전혀 신경 쓰지 않아 양복 두 벌로 버티는 사람이었다.

직위에 연연하지 않고 연구밖에는 관심이 없었던 괴짜 다나카에게 회사는 그의 연구에 아낌없는 지원을 제공하였다. 그리고 그는 직장을 통해 연구에 대해 흥미를 가졌고 이후 연구하는 법, 목표를 달성하는 법 등을 배웠다.

복한 사람들이다. 그러나 대부분의 사람들에게 그런 축복은 주어지지 않는다. 누구나 홀로 되어야 하는 시기가 온다. 어떤 이들은 이 시기가 빨리 오고, 어떤 이는 좀 늦을 뿐이다.

그 시기는 시련의 시기이고, 무림의 고수들과 싸워야 하는 시기이며, 하이에나 같은 무리들과 처절하게 싸워 자기 몫을 지켜야 하는 시기일 수도 있다. '이 정도면 정글에서 어느 정도 살아갈 수 있겠지!'라는 생각에 섣부른 판단을 하지 않길 바란다.

조직에서 클 수 있을 만큼 크고, 배울 수 있을 만큼 최대한 배우기 바란다. 조직에서의 삶은 피곤하지만 나의 발전에 큰 도움을 준다는 것을 결코 잊어서는 안 된다.

내가 조직에서 꾸준히 성장한다면 조직도 발전하고 나의 역량도 함께 발전한다. 조직에서 내가 발전하는 만큼 수준 높은 사람들과 함께 일하며 친분도 쌓을 수 있다. 그래서 현명한 사람들은 조직의 보호를 벗어나고 싶어 하지 않는가 보다.

조직이 무상으로 주는 '기회'를 철저히 활용하라

사실 성공한 사람들을 보면 그들이 학교 다닐 때의 전공으로 성공한 경우는 그리 많지 않다. 아주 어릴 때부터 탁월한 능력을 보인 몇몇을 제외하고는 대부분은 학교를 떠나 직장 또는 사회생활을 하면서 접하게 된 분야를 통해 성공을 거둔다. 대부분의 사람에게 있어 전공은 향후 사회생활을 하기 위한 밑거름이 될 뿐 그 이상도 이

하도 아닌 것 같다.

그러나 우리 대다수는 어리석게도 잘하지도 못하면서 자신이 하고 싶어하는 것, 학창시절의 전공을 계속 유지하기 위해 조직과 싸운다. 능력자가 아니라면 이 무모한 싸움을 거두는 것이 좋다. 그러한 투쟁은 이기적으로 비치며, 그런 사람들에게 조직은 역량을 발전시킬 수 있는 기회를 주지 않는다. 조직이 제공하는 기회를 현명하게 활용할 때 성공의 지름길이 있다.

그 점에서 김규환 명장은 수 많은 고통과 어려움 속에서도 조직이 제공한 기회를 현명하게 활용한 사람이다.

조직에서 제공하는 기회는 어쩌면 하늘이 나 같은 보통 사람을 위해 준비하신 또 다른 길이다. 조직이 요구하는 다양한 기회와 책임을 기꺼이 받아들이고 회피하지 말자. 그럴 때 우리의 능력은 신장되며, 그럴 때 미래는 우리에게 희망의 미소를 보낼 것이다.

2011.6.23. 아침마당 목요특강 코너에서

〈사환에서 명장이 된 김규환 명장의 성공스토리〉

그는 1955년 강원도 평창에서 가난한 화전민의 아들로 태어났다. 초등학교도 다녀보지 못하였고 5대 독자 외아들에 일가 친척 하나 없이 15살에 소년가장이 되었다. 기술 하나 없이 25년 전 대우 중공업 사환으로 들어가 마당을 쓸고 돌을 나르며 회사 생활을 시작하였다.

대우 중공업 입사도 정식으로 들어가지 못했다. 사원모집 광고를 보고 정문에서 기웃거리다 경비 아저씨에게 혼나고 있을 때 마침 지나가는 임원이 걷어주라고 해서 사원보조공으로 입사했다. 성실함과 긍정적인 생각으로 매일을 아침 5시에 출근해서 마당을 쓸었고, 기계를 닦았다. 그후 사장님 눈에 띄어 정식기능공이 되었고, 2년 후에 반장으로 승진되었다.

그가 일을 배우는 과정을 계속해서 살펴보자.

"일은 어떻게 배웠냐고요? 어느 날 무서운 선배 한 분이 세제로 기계를 다 닦으라고 시키더라구요. 그래서 모든 기계를 다 뜯고 세제로 닦았습니다. 기계 2,612개를 다 뜯었습니다. 6개월이 지나니까 호칭이 '야, 이 X끼야!'에서 '김군'으로 바뀌었습니다. 서로 기계 좀 봐달라고 부탁했습니다. 실력이 좋아 함부로 하지 못하더군요. 그런데 어느 날 난생 처음 보는 컴퓨터도 뜯고 물로 닦았습니다. 사고를 친 거죠. 그래서 그때 알기 위해서 책을 봐야겠다는 생각을 가지게 되었습니다."

그는 국가기술자격 학과에 9번 낙방, 1급 국가기술자격에 6번 낙방, 2종 보통운전 5번 낙방하고 창피해 1종으로 전환하여 5번 만에 합격했다. 사람들은 그를 '새대가리'라고 비웃기도 했다. 하지만 지금 우리나라에서 1급 자격증 최다보유자다. 제안

2만 4천 6백 12건, 국제발명특허 62개, 훈장 2개, 대통령 표창 4번, 발명특허대상, 장영실 상을 5번 받았고, 1992년 초정밀 가공분야 명장으로 추대되었다.

그는 정밀기계분야의 세계 최고가 된 이유를 다음과 같이 말한다.

"가공 시에 온도가 1도 변할 때에 쇠가 얼마나 변하는 지 알기 위해 국내 모든 자료실을 찾아보았지만 아무런 자료도 없었습니다. 그래서 공장 바닥에 모포를 깔고 2년 6개월 간 연구를 했습니다. 재질, 모형, 종류, 기종별로 X-bar 값을 구해 1도 변할 때 얼마 변하는지 온도치수 가공 조건표를 만들었습니다. 그리고 기술 공유를 위해 산업인력공단의 '기술시대'란 책에 기고했으나 실리지 않고 얼마 후에 3명의 공무원이 찾아왔습니다. 알고보니 제출한 자료가 기계가공의 대혁명 자료인 걸 알고 논문집에 실을 경우 일본에서 알게 될까봐 노동부장관이 직접 모셔오라고 했답니다."

그는 종교를 가지고 있다. 그가 다니는 종교는 교회나 절에 있지 않고 바로 대우중공업에 있다. 그의 집에는 대우 깃발이 있고 식구들 모두 아침 밥 먹고 그 깃발에 서서 기도를 한단다. 그는 하루에 두 번 기도한다. 아침에 기도하고 정문 앞에서 또 한 번 기도한다. '나사 못 하나를 만들어도 최소한 일본보다 좋은 제품을 만들 수 있도록 도아주십시오'라고.

그는 조직이 자신에 주는 감사히 생각하고 최대한 활용하여 성공한 전형적인 인물이다.

- 강호의 고수들도 처음부터 홀로 고고하게 수련하지 않는다. 어느 지파에 들어가 고수에게 수련 받고 내공을 쌓은 후에 지존의 자리에 오르는 길을 간다. 혼자 수련하는 것보다 시간과 노력을 절약할 수 있기 때문이다.

- 조직은 보호막이고, 연구소이며, 학교다. 배우고 실험하는 데 있어 든든한 후원자이며, 치열한 약육강식의 세상에서 안전하게 보호해주는 온실이다. 그 속에서 우리는 인내를 키우고, 능력을 개발하며, 동료들과 경쟁하는 법을 배운다.

- 조직에서의 삶은 피곤하지만 발전에 큰 도움을 준다. 지독한 상사에게서 살아남는 사람은 맷집도 세고 내공도 한층 깊어진다. 조직도 발전하고 나의 역량도 발전시키는 방법을 찾아라. 현명한 사람들은 조직의 보호를 벗어나고 싶어 하지 않는다.

- 조직이 제공하는 기회는 하늘이 나를 위해 준비하신 또 다른 길이다. 조직이 요구하는 다양한 기회와 책임을 기꺼이 받아들이고 회피하지 말자. 그럴 때 우리의 능력은 신장되며, 미래는 우리에게 성공이라는 희망의 미소를 보낼 것이다.

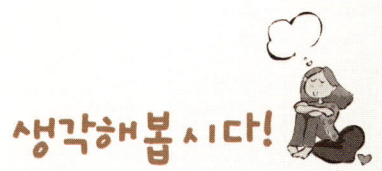

● 조직생활을 하면서 능력을 키우는 방법이 무엇이 있을까요?

● 조직생활 중 지독한 상사와 어떻게 해야 좋은 관계를 유지할 까요?

● 나의 상사는 조직생활 중 '욱' 하고 치밀어 오를 때 어떻게 극복했을까요? (한번 물어보세요)

● 내가 원하지 않는 일을 조직이 시킨적이 있는가? 그것이 기회라면 그것은 내게 어떤 도움이 될까요?

전략 4
원군을 만들어라

> 내가 사업에서 성공하기 위해
> 지키며 살아온 원칙이 하나 있다면,
> 그것은 항상 사업에 대해
> 나보다 더 잘 아는 동료를 주변에
> 두기 위해 애쓰는 것이다.
>
> 몬테 L. 빈

네트워크가 대세다

바야흐로 네트워크의 시대이다. 네트워크는 크게 3가지 차원에서 사회 흐름을 선도하고 있는데 조직 차원, 개인 차원, 시스템 차원이 그것이다. 그리고 이를 응용하여 비즈니스, 정치, 군사 부문에서 널리 활용되고 있다.

네트워크에 대한 조직 차원의 정의는 작고한 고려대학교 김인수 교수의 명저 『거시조직론』에 '네트워크란 상호의존적 차원의 조직과 각 부서들의 협력적 의존관계'라고 제시되어 있다. 특히 네트워크는 서로 독립성을 유지하는 조직들이 상대방의 자원을 자기의 자원처럼 활용하기 위하여 수직적, 수평적 그리고 공간적 신뢰관계로 연결된 조직이라고 구체화한다. 사실 조직 차원의 네트워크는 일찍이 논의되어 왔다.

윌리엄슨Oliver E. Williamson이라는 학자는 그의 저서 『시장과 위계 Markets and Hierarchies』라는 책에서 시장과 조직의 실패를 극복하기 위한 대안으로 네트워크를 제안하고 있다. 즉 시장의 기회주의적 행동으로 인해 자원 획득에 불필요하게 소요되는 불확실성을 최소화하기 위해 조직은 가급적이면 내부화를 통해 이러한 문제를 해결하려고 한다. 그러나 조직 역시 비대화됨에 따라 필요한 자원을 내부에서 생산하는 데 오히려 비용이 더 커지고 차라리 외부에서 획득하는 것이 더 경제적일 수 있다. 이러한 문제를 해결하기 위한 것이 바로 시장과 조직의 중간자적 성격의 네트워크라는 것이다. 네트워크는 최근 조직의 문제를 해결하는 대안으로 급격히 부상하고 있다.

개인적 차원에서의 네트워크는 그 기원이 조직 차원보다 더 오래되었다고 볼 수 있다. 1967년에 밀그램Stanley Milgram이라는 심리학자는 독특한 실험을 시행했는데 미국의 네브래스카 지역과 캔사스 지역에 사는 주민들을 모아 동부의 메사추세츠 주에 사는 임의의 두 사람을 선택하여 이들에게 160통의 편지를 보내도록 하였다. 물론 편지를 보내는 방법은 아는 사람을 통해 건너 건너 전달하는 방법을 택했는데 이 중 42통의 편지가 목표인물에게 도착하였다. 이들이 편지를 전달할 때 활용된 네트워크는 5.5명이었고 이를 반올림하여 그 유명한 여섯 단계 분리효과 Six Degree of Separation가 나오게 되었다. 이는 다시 말해 전 세계 어느 누구에게도 6단계만 거치면 연결될 수 있다는 지구 전체의 인맥 네트워크로 확장해석하기도 한다.

우리나라에서도 2003년에 연세대학교에서 이와 비슷한 실험을 시행했다. 부산에 거주하는 108명에게 서울의 목표인물에게 동일한 방법으로 편지를 전달할 것을 요청했는데 총 17명이 성공하였고, 이때 연결된 네트워크 수는 평균 3.6명이었다. 밀그램의 실험을 재확인한 것이었다.

사실 인맥에 대해서는 그 이전부터 많은 사람이 언급한 내용이다. 사람간의 관계가 성공의 지금길이고, 인맥을 활용하는 다양한 방법 등이 제시되곤 하였다. 그러나 과거에는 조직에서 인맥이라는 용어는 바람직한 단어가 아니었다. 성공을 위해 공식적이고 투명한 경쟁방식이 아닌 것으로 부정한 것으로 오해되곤 했다. 그러나 인맥의 현명한 활용은 조직뿐 아니라 개인에게도 중요한 능력이라는 걸 부정하기 어렵다.

오늘날 네트워크 시대를 가져온 것은 정보통신기술과 컴퓨터 발전에 기인한다. 최초 두 컴퓨터 간의 연결을 통해 정보를 공유하던 시대에서 출발한 네트워크 개념은 그후 여러 대의 컴퓨터 간 소통을 가능케 한 인터넷으로 발전하였다. 그리고 인터넷은 지식과 정보를 연결하는 체계로 발전했다. 이후 사람들의 욕구는 정보획득과 공유에서 서로 감정을 나누는 장으로 발전하게 되었다. 최근 들어 웹web은 나눔에서 벗어나 자기를 표현하는 단계로 발전하게 된다.

한편 모바일mobile은 단순한 이동통신에서 벗어나 웹과 상호작용하면서 삶의 전반에 엄청난 영향을 미치게 된다. 이동 간 소통의 장으로 발전한 웹과 모바일의 결합은 트위터나 페이스북 같은 소통의 공간을 만들어 중동의 자스민 혁명에서부터 개별국가의 정치·사회 구조를 바꾸어 나가는데 기여하고 있다. 이러한 모든 발전은 기술의 진보에서 비롯된 것이라기보다는 사람들의 욕구 변화에 기인한다.

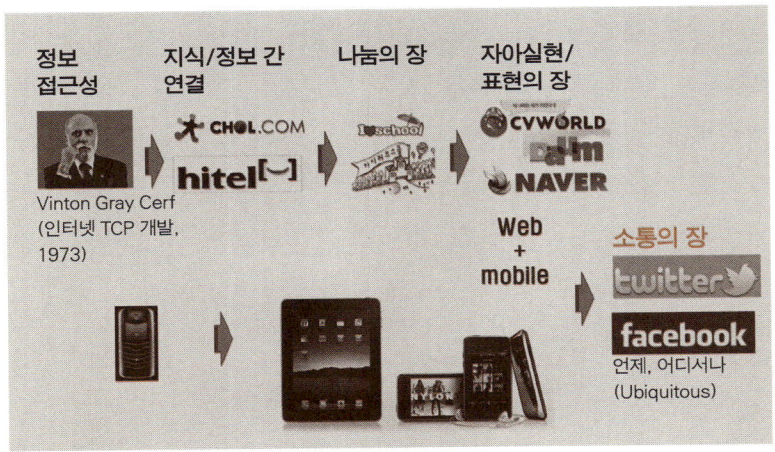

〈웹과 모바일의 발전〉

웹과 모바일의 극적인 결합은 스마트폰 시장으로 구현된다. 스마트폰의 등장으로 우리의 삶의 질은 이제야 비로소 21세기 지식사회에 걸맞은 형태로 변모되고 있다. 언제 어디서든 필요한 정보를 얻을 수 있을 뿐만 아니라 필요한 일도 할 수 있다. 움직이면서 주식투자, 금융거래 등은 기본이고 방송시청, 독서, 학습, 게임, 각종 문화생활과 나아가 직장의 업무에 이르기까지 모든 것을 할 수 있게 되었다. 바야흐로 진정한 네트워크 시대가 열린 것이다.

자연계의 지식 네트워크

네트워크는 이 시대 사회현상을 설명하는 핵심적 담론의 위치에까지 와 있다. 그러나 사실 네트워크는 그 이전 생태계에서부터 존재했다.

생태계에서도 네트워크는 대세다. 험난한 자연계에 생명체가 홀로 사는 것은 여러모로 불리하다. 무리지어 사는 개체가 생존 확률이 훨씬 높다. 물론 홀로 독립적인 삶을 유지하는 종도 자연계에는 존재한다. 그러나 생존에 관한 두 집단의 결과는 박새와 울새의 경우처럼 극명하게 드러난다.

무리지어 사는 박새는 생존했지만 독립적인 생활을 한 울새는 그 지역에서 자취를 감추게 되었다. 박새와 울새의 생존과 사멸은 생태계에서도 네트워크의 중요성을 확인하는 명확한 증거이다. 박새는 함께 모여 환경의 변화에 대응하는 방법으로 네트워크를 활용했다. 그들의 네트워크에서 지식과 경험을 공유함으로써 생존했다.

반면 울새는 지식과 경험을 보유했다 해도 이를 공유하는 데 필요한 네트워크를 제대로 활용할 수 없었다. 자신의 지식과 경험을 나누기 싫어했고 또한 배우기 싫어했다. 네트워크는 관계뿐 아니라 생존의 핵심 수단이다.

정명호·오홍석 지음, 『휴먼 네트워크와 기업경영』에서

〈박새와 울새 이야기〉

20세기의 중반에 영국에서 일어난 이야기이다. 그 당시 영국의 우유업체들도 지금처럼 이른 아침 각 가정에 배달하는 체계를 갖추고 있었다. 신선한 우유는 병으로 제공되었는데 당시 우유병에는 뚜껑이 없었다. 따라서 박새와 울새들이 뚜껑이 없는 우유병 속의 우유를 마실 수 있었다.

이에 업자들이 우유병에 덮개를 씌우자 새들은 더 이상 우유병의 크림을 먹을 수 없게 되었다. 그런데 얼마 안 가서 모든 박새들은 알루미늄 덮개를 부리로 찢고 크림을 먹는 방법을 배우게 되었다. 반면 울새들은 이 방법을 터득한 녀석들이 거의 없었다. 물론 몇몇 울새들이 박새와 같이 우유병에 구멍을 내는 방법을 알고 있었지만 이러한 '지식'은 다른 울새들에게 전달되지 못했다. 결국 영국의 정원은 박새로 뒤덮이게 되었고, 울새는 찾아보기 어렵게 되었다. 박새들은 보통 8~10마리씩 무리를 지어 살아가는 습성을 가지고 있다. 그래서 어느 한 마리의 박새가 알아낸 방법(우유 덮개에 구멍 내기)은 무리 내에서 급속히 전파되었고, 박새들 전체 무리로 빠르게 확산될 수 있었다. 반면에 울새는 자기 영역을 지키는 텃새로 다른 새들과 교류하지 않아 몇몇이 그 방법을 알아도 지식이 전파되지 않아 결국 개체수의 감소로 이어졌다.

박새와 울새의 경우뿐 아니라 자연계의 모든 종에서 이러한 현상은 공히 나타난다. 홀로 지내는 대부분의 생명체들은 그 개체수가 무리지어 사는 녀석들보다 상대적으로 적거나 멸종의 단계에 들어선 것들이 많다. 무리가 개인보다 강하다는 명확한 증거이다.

우리의 삶 역시 박새처럼 네트워크를 통해 성공 확률을 높일 수 있다. 이른바 인맥형성은 유사시 필요할 때 동원할 수 있는 원군을 만드는 작업이다.

흔히 인간관계를 네트워크 능력이라고 한다. 네트워크 능력의 핵심은 남의 것을 내 것처럼 쓰는 능력이다. 내가 잘 아는 전문가 3명의 도움을 얻을 수 있다는 것은 내가 3개 분야의 능력을 축적하기 위해 최소 3배 이상의 노력을 절감할 수 있다는 뜻이 된다. 다른 분야 전문가의 능력을 필요에 따라 활용할 수 있다는 것은 대단한 능력이다. 쉽게 따라 할 수 없는 능력이다. 공부도 못하고, 인간관계도 좋지 못한 사람은 그럼 실패한 인생인가? 고민이다.

내게 없는 자원과 능력을 활용할 수 있는 능력은 대단하다. 내가 세상의 모든 지식을 다 알 수도 없고, 모든 사람의 능력을 혼자 갖기는 불가능한 것이며, 또 그래서도 안 된다.

서로 협력하고 도움을 주고받기 위한 네트워크 구축 능력은 복잡한 세상을 살아가는 핵심 역량이다.

스스로 고립을 자초하지 말아야 한다. 더욱이 능력도 안 되면서 홀로 세상을 고고하게 살아가겠다는 망상은 집어치우길 바란다.

능력자도 필요한 수단

　능력자들은 고고하게 혼자 세상을 살아갈까? 흔히 우리는 뛰어난 학자들이나 천재일수록 남들보다 사회성이 부족하다고 생각한다. 그러나 오해마시라. 절대 그렇지 않다. 몇 가지 사례를 들어보자. 발명왕 에디슨은 GE의 창업자이다. 뛰어난 발명가들이 사회성이 부족하다고 하지만 진짜 성공하려면 창의성이 아니라 사회성이다. 발명은 사회성 없이도 개발이 가능하다. 그러나 자신의 발명품을 상품화해서 비즈니스를 할 수 있는 능력은 사회성이 없이는 불가능한 일이다.
　하워드 가드너Howard Gardner의 『열정과 기질Creating Minds』이라는 책에 보면 매우 흥미로운 사실을 발견할 수 있다. 뉴턴의 고전역학은 그가 정치인이었기에 더 유명할 수 있었고, 엘리어트의 「황무지」는 그가 전쟁 중 영국은행에서 대문호의 계좌를 관리하는 은행직원이었기 때문에 가능한 일이었다. 아인슈타인과 피카소의 천재성도 대중과 소통하는 능력이 겸비되었기 때문에 더욱 세상에 알려지게 된 것이다. 천재들도 그러한데 하물며 평범한 우리야…. 분명히 우군이 있어야 산다.

　　미국 에모리대학교에서 정신의학과 경제학을 가르치는 그레고리 번스Gregory Berns는 그의 저서 『아이코노클라스트Iconoclast; A neuroscientist reveal how to think differently(우상파괴자, 인습파괴자, 상식파괴자란 뜻으로 남들은 할 수 없다고 말하는 어떤 일을 하는 사람)』에서 시대를 이끈 사람들은 사회적 네트워킹이 필수적 능력임을 지적하고 있다. 특히 자신의 사상과 생각, 사조 등을 통해 새로운 시대를 이끌려면 그리고 자신에 대해 적대시하는 사람들과 싸워 이기기 위해서는 반드시 동조자들의 네트워크를 구축하는 능력이 필요하다고 말한다.

새로운 것일수록 사회적인 지지와 지원이 부족한 상황에서 자기를 지지해주는 원군을 확보하는 것은 절대적이다. 새로운 사조의 피카소가 그랬다. 그는 자신의 작품세계를 알리기 위해 사업가, 예술가 등과 우호적인 관계를 지속했다. 또한 아널드 슈워제네거 역시 영화배우에서 주지사로 변신하기 위해 지지자들을 확보하는 것이 중요했다. 이에 반해 빈센트 반 고흐는 자신의 예술세계에 지나치게 몰입한 나머지 그를 이해 못하는 사람들을 배척하고 불우하고 쓸쓸한 인생을 살았다. 뛰어난 예술성이 있었음에도 말이다.

평범한 사람들의 연줄?

그러면 평범한 우리 B-플레이어는 우군을 어떻게 만들어야 할까? 먼 곳에 있는 사람을 원군으로 만들려고 억지로 애쓰는 작업은 자칫 위험할 수 있다. 견제받기 십상이고 부작용 또한 만만치 않다.

자연스러운 원군은 바로 가까이 지냈던 사람, 조직의 상사와 직장동료 그리고 후배들이다. 그러니 절대로 과거 직장과 그 사람들을 욕하지 마라. 당신이라면 과거 직장을 욕하는 사람들과 같이 일하겠는가? 언젠가 이곳을 떠나면 나도 그 사람의 입에 지금처럼 오르내릴 텐데…. 그나마 애써 만들어놓은 네트워크도 없애는 일이다. 원군은 평소에 만드는 것이다. 평소에 전화하지 않던 친구가 필요할 때만 연락하는 건 누가 봐도 구차하고 안쓰러운 일이다. 그렇다면 직장인들은 어떻게 네트워크를 만들고 관리하고 있을까?

〈쿠키뉴스〉 2007.6.4일자

직장인 한명당 57.2명 인맥 형성

리서치 전문연구기관인 '엠브레인'과 '인크루트'가 2007년 대한민국 직장인 2,116명을 조사한 결과 한 사람당 평균 57.2명의 인맥을 형성하고 있는 것으로 나타났다. 인력별로 보면 20대가 49.3명, 30대가 47.2명으로 비슷했다가 40대 들어 79.7명으로 가파르게 늘어났다. 하지만 50대 이상의 경우엔 다시 53.5명으로 줄어들었다. 아마도 사회적으로 활동하는 시기와 맞물리는 결과인 것 같다. 성별로는 남성의 인맥수가 평균 66.9명으로 여성의 44.9명에 비해 많았다. 인맥 중 가장 중요하게 생각하는 관계는 친척 등의 혈연 53.8%이며, 동기동창 등 학연 20.5%, 직장과 업무를 통해 알게 된 인맥 16.0%, 지역연고를 통한 지연 6.8% 순으로 집계되었다.

한편 자신이 가진 인맥 중 힘들고 어려운 일이 닥쳤을 때 나서서 도와줄 것 같은 인맥의 수는 10.9명으로 자신의 인맥 57.2명의 19.0%로 나타났다. 즉 5명 중 1명만이 어려울 때 나서서 도와주는 사람이란 것이다. 이 밖에도 관혼상제 등 경조사에 오는 인원은 평균 68.4명, 핸드폰에는 146.3명의 전화번호가 저장되어 있는 것으로 나타났다.

최근 떠오르는 네트워크의 강자가 있으니 바로 아줌마 네트워크다. 이 네트워크는 그 어느 네트워크보다 강하다. 그들은 이해관계로 형성된 것보다는 정서적으로 연결고리를 갖는다. 아이를 낳고 키우는 과정에서의 정서적 공감대로 형성된 네트워크는 단순한 친목에서 벗어나 비즈니스로 연결되고 있다.

출산과 양육, 학교 어머니 모임에서 과외나 학원에서 그들이 나누는 정보는 아이들 교육에 절대적이다. 이후 각종 사교모임도 남자들의 웬만한 모임보다 강력한 연대를 형성한다. 아이를 다 키우고 난 후에는 헬스 모임, 맛집 모임, 백화점 문화센터 강좌로 사귀게 된 사람들의 모임, 그리고 전통적인 동창회 모임 등에 열심히 나가 네트워크를 확장하고 공고히 한다. 인터넷 공동구매는 아줌마들끼리 모여 알뜰구매와 소비를 함께하는 역할을 한다.

아저씨들은 나이가 들면서 밖에서 집으로 들어오는 데 반해 여자들, 특히 아줌마들은 나이가 들면서 그들의 영역을 집에서 밖으로 확대해 나가고 있다. 이런 아줌마를 아내로 둔 아저씨들은 직장에서 소신껏 일해도 좋을 듯싶다.

아내가 남편보다 네트워크 능력이 뛰어나므로 은퇴 후 사업이나 부업, 취업 등 다른 일을 모색하기도 쉬우니 말이다. 그러고 보면 남편들이 은퇴 후에 결단코 밖으로 안 나가려는 이유도 이런 능력 있는 아줌마에게 제명당하지 않으려는 몸부림의 연장일까?

〈대한민국 아줌마 네트워크〉

원군이 많은 자가 승리한다?

전사를 통해 보면 얼마나 많은 원군을 두었는가에 따라 전쟁의 승패가 결정되었다. 우리의 역사를 보더라도 나당연합군이 고구려에게, 조명연합군이 일본에게 승리를 거두었으며 더 나아가 제1, 2차 세계 대전에서도 연합군이 승리하였다.

전쟁 초기에는 잘 준비되고 뛰어난 역량과 전략을 가진 국가가 승기를 잡는 경우가 많지만, 전쟁이 장기화되면서 자원의 동원능력이 승패를 결정한다. 연합군은 효율성 면에서는 떨어지지만 자원동원능력 면에 있어서는 홀로 싸우는 국가나 군대보다 훨씬 유리하기 때문이다.

그러나 다수의 군대와 싸우는 불리함 속에서도 이를 극복한 사람들이 있었으니 바로 마오쩌둥과 호찌민이다.

> 마오쩌둥은 일본군과는 해방전쟁을, 국민당과는 이데올로기의 대립으로 2개 전쟁을 동시에 수행했다. 엄청난 전력의 열세에도 국민당군을 몰아내고 중국 대륙을 차지한 이유는 바로 중국 인민의 마음을 얻었기 때문이다.
>
> 그들은 개별전투의 승리보다는 인민의 마음을 얻는 것이 우선이며, 이것이 바로 최종적으로 승리를 가져올 것이라 믿었고, 장교에서부터 병사에 이르기까지 인민의 마음을 얻는 데 주력했다.
>
> 실제로 홍군은 점령지역 부녀자를 무차별하게 겁탈하는 국민당군이나 일본군과는 전혀 달랐다. 홍군병사들은 농부의 아내나 딸들

을 아주 정중하게 대했고 농민에게 폐가 될 것을 염려해 노숙하였다. 병사 대부분이 미혼이었지만 여자문제를 일으키는 경우가 거의 없었다. 또한 홍군이 술에 취하는 경우는 거의 없었다. 상습적 흡연자는 비판 대상이었다.

전쟁의 추이를 지켜보던 민중이 어느 쪽을 지지할 것인가는 자명했다. 노인과 아이들까지 망을 보았고, 주민 모두가 홍군 정보망을 형성했다. 식량이 모자라면 주민들은 홍군과 함께 식사를 했다.

베트남의 영웅 호찌민 역시 마오쩌둥의 방식을 활용하였다. 그는 열세인 전력을 가지고 미국을 상대로 전쟁을 벌여 베트남을 통일한 인물이다. 호찌민은 미군과의 개별 전투에서는 대부분 패했으나, 지면서도 베트남 국민의 마음을 얻는 데 주력했고, 전투보다는 심리전을 통해 미국과 월남의 추악함과 부도덕성을 부각시켜 전쟁에서 이겼다.

그는 패할 때마다 전 세계인을 대상으로 반전 분위기를 조성하였다. 결국 미국 내에서도 반전여론을 조성하는 데 성공하였다. 그리고 베트남 국민에게는 통일전쟁의 당위성을 각인시켰다. 미국은 무기로 싸웠지만 호찌민은 국민의 감정으로 싸웠다. 결국 미국은 베트남에서 철수하게 되었다.

원군은 중요하다. 그러나 어떤 원군을 얻어야 하는가는 더욱 중요하다. 전쟁에서의 원군은 바로 백성이다. 그들의 마음을 얻는 것이 천군만마를 얻는 것보다 값지다. 그럴 때 진정으로 승리하는 것이다. 원군은 숫자보다도 결정적 영향력을 미치는 사람이나 무리가 얼마인가로 판가름 난다.

실제로 사회에서도 많은 수의 네트워크를 가진 사람들이 성공하는 것보다는 필요한 네트워크를 보유한 사람들의 성공 확률이 더 높다고 한다.

거대 조직의 강력한 대항마, 네트워크

우리나라 사람들은 네트워크에 강력히 몰입한다. 그들이 만들어낸 모습은 광화문 광장을 메울 정도이다. 커다란 이슈가 있을 때마다 그들의 이해관계를 대변하고 세를 확장시키고자 네트워크를 활용한다. 2002년 월드컵 당시 응원인파가 대표적인 경우이다. 세계 어느 나라 사람들도 그러한 네트워크를 발휘한 적이 없다.

어느 기업에서도 이렇게 강력한 흡입력을 갖는 인력을 동원한 적이 없다. 정부나 지자체 행사에서도 이렇게 많은 인력을 동원할 수는 없다. 거대한 조직도 하지 못하는 일을 개인들이 어떻게 이런 엄청난 일을 해낼 수 있을까?

그것은 바로 네트워크의 속성에 기인한다. 앞서 기술했듯이 네트워크는 각 구성원이 독립성을 갖는다. 누구의 통제를 받는 조직의 성격이 아니다. 자율적으로 판단하고 행동한다. 그러면서도 유대관계를 갖는다. 그 유대관계는 끈끈할 수도 있고 그렇지 않을 수도 있다.

중요한 것은 각 개별 독립체들의 이해관계가 맞아떨어질 때이다. 서로의 이해관계가 맞아떨어지면 모든 네트워크의 참여자들은 협력한다. 이때 참여자들의 자발성이 폭발적 효과를 발휘한다. 거대 조직은 자발성이 있는 조직원도 있고 그렇지 않는 조직원도 있지만 네트워크에 참여한 사람들은 모두가 자발성을 발휘한다. 이들의 자발적 참여가 네트워크의 효과를 극대화한다.

'약자가 강자를 이기는 전략이 여기에 있다.' 네트워크 개별 참여자들이 공통의 이해관계를 바탕으로 각자 독립적인 행동과 판단에 기초하여 자발적으로 행동할 때 그 네트워크는 거대 조직을 이길 힘을 발휘한다.

독일의 철학자 슈마허는 "작은 것이 아름답다small is beautiful"라고 말했다. 작은 것의 경제성, 민첩성, 효율성을 말한 것이다. 그럼에도 많은 사람들은 그래도 "큰 것이 강력하다big is powerful"라고 대꾸했다. 거대 조직의 힘을 무시할 수 없기 때문이었으리라. 그러나 이제는 다음과 같이 바뀌어야 할 판이다. 즉, "네트워크는 아름다울 뿐만 아니라 강력하기까지 하다Network is not beautiful but also powerful"라고.

실제로 이러한 현상은 세계 도처에서 목격되고 있다. 군사적 측면에서 미국의 9·11테러는 커다란 분수령이었다. 전쟁의 양상이 거대 정규군끼리의 충돌에서 정규군과 테러단체 간의 충돌로 변화된 것이다. 한때 테러단체는 정규군의 소규모 특수작전부대나 대테러부대 정도가 담당했던 미미한 존재였으나 지금은 미국의 전 군사력이 총동원될 정도로 강력한 상대이다.

그렇다고 테러집단의 규모, 장비, 테러요원들의 능력이 엄청나게 향상된 것도 아니다. 그럼에도 그들이 갖는 효과는 엄청난 파괴력을 갖는다. 개별 구성원들의 보잘것없는 장비와 능력이 자발성과 이해관계를 공유함으로써 강력한 네트워크로 변모하여 거대 조직 미군을 상대로 전쟁을 벌이고 있는 것이다. 그러면 거대 조직은 어떻게 자신을 변화시키고 있을까? 거대 조직은 시스템을 통해 네트워크 역량을 발전시키고 있다. 빈 라덴을 색출하고 그들의 핵심요원들을 추적할 수 있었던 것은 바로 네트워크 이론을 접목하여 군사 부문뿐만 아니라 정치, 경제, 사회, 문화 등의 전 분야에 이를 활용했기 때문이었다.

네트워크의 가치를 일찍이 발견하고 활용하는 곳은 비즈니스 분야이다. 이미 소셜 네트워크는 비즈니스에서 큰 성과를 거두고 있다. 트위터, 페이스북, 구루폰 등의 자산가치가 가파르게 상승하고 있고, 개별 기업들도 외부 자원의 적극적인 참여로 그들의 능력을 배가시키고 있다.

사실 오늘날 인터넷 신문들의 등장은 이러한 네트워크의 활용에 힘입은 바 크다. 기존의 거대 신문들이 차지했던 능력의 범위를 넘어, 그들은 인터넷 공간에서 정식기자가 아닌 명예기자나 시민기자라는 이름을 활용하여 자발적 참여자들의 지식과 경험, 능력 등을 접목시켜 신속성·현장성을 배가시키는 기사를 네티즌에게 전달할 수 있었다.

신속하게 전달되고 현장감이 묻어나오는 기사는 정확성과 신중함보다 전달력이 상대적으로 강력했던 것이다. 작은 조직과 기업이 승리하는 비결은 이런 네트워크를 활용하는 데 있다.

이 시대의 진정한 원군, 집단지성

이렇듯 네트워크 시대는 소수나 약자가 승리할 수 있는 절호의 기회이다. 그러나 사실상 이 기회의 시대, 네트워크 시대에 우리는 정신을 차리고 기회를 노려야 하나 그러고 싶어도 쉽지 않고 정신만 더욱 혼미해질 뿐이다. 우리의 뇌가 비명을 지르고 있다. 촘촘하고 때론 느슨한 거대 연결망 속에서 쏟아져 나오는 지식과 정보를 우리의 뇌는 쉬지 않고 실시간으로 받아들이고 있다. 우리 스스로 수용능력의 한계를 넘어 뇌를 학대하고 있는 지경이다.

실제로 연구자들에 의하면 우리의 뇌는 받아들이는 데 한계가 있다고 한다. 관심, 주의를 집중하는 데에 한계가 있다는 뜻이다. 윌리엄 파워스William Powers는 그의 책 『속도에서 깊이로Hamlet's BlackBerry』에서 사람들은 너무도 많은 정보에 노출될 경우 쉽게 피로를 느끼며 때로는 정신줄을 놓은 경향이 있다고 지적한다.

정보를 과도하게 노출시키면 우리의 뇌 기능은 오히려 위축된다는 것이다. 집중력은 당연히 떨어지고, 기억력, 판단력도 떨어지며 나아가 창의력도 떨어지게 된다고 한다.

변화의 속도도 너무 빠르다. 과도한 정보에도 정신이 없지만 그 속도가 너무 빨라서도 정신이 없다. 빠른 속도에 익숙하지 않은 사람들에게는 세상의 변화에 대한 적응도 쉽지 않다. 그래서 이 부적응 때문에 어쩌면 더 과거를 그리워하는지도 모른다.

그는 또한 말하기를 디지털 네트워크에 대한 의존이 사람을 지나치게 외부 지향적으로 만든다고 지적했다. 사람은 남과 연결되려는 욕망과 혼자만의 자유를 누리려는 욕망을 함께 지니되 중요한 건 둘의 균형을 찾는 것인데 디지털 세상은 연결된 삶만 쫓도록 부추긴다고 한다. 그리고 이러한 디지털 중독증은 조직의 생산성도 감소시킨다. 디지털 리서치 회사인 '바섹Basex'은 직장인 대다수가 그런 방해 요인 때문에 근무시간의 25% 이상을 허비하고 그로 인한 경제적 손실 또한 연간 9,000억 달러에 이른다는 연구결과를 내놓았다고 한다.

그럼에도 우리는 다른 이들과 함께 어울리고, 서로 돕고 살아가야 한다. 혼자 과도하게 갖지 못하도록 신은 우리의 뇌 용량을 제한했는지도 모른다.

그러기에 혼자 이 시대 모든 지식과 정보를 얻고자 하는 것은 현실성이 없는 집착이다. 머리만 혼미할 뿐이다. 따라서 능력 있는 사람들과의 지적 네트워크를 구축하는 것이 필요하다. 이른바 집단지성의 활용이다.

집단지성은 비즈니스와 세상을 바꾼다. 인터넷 집단지성의 대표주자인 TED는 이 시대 최고의 지성들을 한데 모아 그들의 지혜를 들을 수 있는 공간을 만들었다. 그 공간에서 사람들은 현재 우리 공동체의 문제와 해결방안을 고민할 수 있고, 뛰어난 사람들의 지식과 경험을 나눌 수 있다.

에릭 휘태커라는 지휘자는 독특한 도전을 했는데 전 세계 사람을 대상으로 합창단을 구성했다. 그는 전 세계 50여 개 나라에서 2,000여 명의 자원자들을 대상으로 악보와 자신의 지휘 동영상을 보내 그들에게 자신들의 노래를 영상으로 제출하게 하였다. 그리고 이를 종합 편집하여 뛰어난 합창단을 만들었다. 네트워크와 모든 사람의 자발성을 활용한 뛰어난 합창단이 만들어진 것이다. 집단지성의 힘이다.

『매크로위키노믹스Macrowikinomics』의 저자 돈 탭스코트Don Tapscott와 앤서니 윌리엄스Anthony D. Williams는 세상은 이미 엘리트 중심의 이코노믹스 시대가 가고 대중의 집단지성에 기반을 둔 위키노믹스의 시대가 열렸다고 단언한다. 또한 위키노믹스가 비즈니스를 넘어 일상으로 파고들고 나아가 사회 전반의 변화를 이끄는 핵심 원리로 발전하고 있다고 주장했다. 그가 제시한 구체적인 사례는 다음과 같다.

돈 탭스코트와 앤서니 윌리엄스의 『매크로위키노믹스』

로봇 망원경이 촬영한 5만 장의 성운 사진을 혼자서 일일이 살펴보며 분류하려면 얼마나 걸릴까. 2007년 여름 1주일간 다른 일을 작파하고 이 작업에 매달리다 지친 천문학 대학원생 샤윈스키는 동료 리놋에게 고충을 털어놓았다. 리놋은 전 세계에 작업을 공개해 아마추어 천문학자들의 도움을 받자고 제안했다. 반응은 놀라웠다. 2년 반 동안 전 세계에서 무려 27만 5,000여 명이 참여해 100만 개의 성운 사진을 분류했다. 샤윈스키 혼자 했다면 124년이 걸렸을 일이다. 그렇게 해서 온라인 시민 과학 프로젝트 갤럭시주Galaxy Zoo가 탄생했다. 새로운 과학적 발견도 이어졌다. 과학 발전의 수혜자에 머물던 일반인들을 연구 참여자로 당당히 격상시킨 이 프로젝트는 인터넷을 매개로 한 대규모 협업의 무궁무진한 가능성을 보여준다.

미국 기업 로컬모터스는 상주 직원 12명으로 운영되는 회사이다. 이 기업은 온라인 커뮤니티에서 자동차 디자인을 공모한다. 프레임을 제외한 모든 부품은 외부에서 조달한다. 대리점도 운영하지 않는다. 고객이 직접 공장을 방문해 설계 과정에 참여하고 구매한다.

그들이 제시한 대중의 집단지성에 기초한 위키노믹스의 5대 원칙(협업, 개방성, 공유, 진실성, 상호의존성)은 비즈니스뿐 아니라 '안전하고, 번성하며, 공정하고, 지속 가능한 세상을 만들기 위한 원칙'이기도 하다.

집단지성은 이 복잡한 네트워크 시대를 현명하게 살아가는 좋은 협력자이다. 더욱이 우리 같은 보통 사람들이 자신의 능력을 배가시키는 좋은 방법이기도 하다. 집단지성에 관심을 가져보자. 당신의 경쟁자를 압도할 능력과 원군을 얻게 될 것이다.

> 모이면 시작되고 단결하면 진보하며
> 함께 일하면 성공한다.
>
> 헨리 포드

- 서로 협력하고 도움을 주고받기 위한 네트워크 능력은 이 세상을 살아가는 필수적 역량이다. 능력도 안 되면서 홀로 세상을 고고하게 살아가겠다는 망상을 집어치우자.

- 자연스러운 원군은 바로 가까이 지냈던 사람, 즉 조직의 상사와 직장동료이다. 원군은 평소에 만드는 것이다. 원군은 많은 숫자보다도 필요할 때 얼마나 도움이 되는가로 판가름 난다.

- 네트워크 개별 참여자들의 독립적 행동과 판단에 기초하여 공통의 이해관계를 바탕으로 자발적으로 행동할 때 그들은 거대 조직을 이길 힘을 발휘한다.

- 네트워크안에서 각 구성원들은 독립성을 갖는다. 누구의 통제를 받는 성격이 아니다. 자율적으로 판단하고 행동한다. 서로의 이해관계가 맞아떨어지면 모든 네트워크의 참여자들은 협력한다. 이때 참여자들의 자발성이 폭발적 효과를 발휘한다.

- 이제 세상은 Small is beautiful, big is powerful에서 Network is not beautiful, but also powerful로 바뀌고 있다.

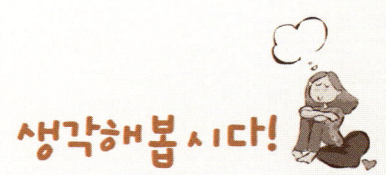

● 내 주변에 인맥은 몇이나 되나요?

● 내 인맥은 어떻게 형성되나요? 직장, 취미 동호회, 학연, 지연? 어느 것이 주된 통로인가요?

● 그중에서 내가 어려움에 처했을 때 진정으로 도움을 줄 사람은 누구인가요?

● 그렇다면 친구가 어려움에 처했다면 도와줄 사람은 몇이나 되나요?

● 당신은 타인을 잘 도와주는 사람인가요?

Session 2
'나'라는 상품을 판매하는 방식

지금까지 성공을 위해 나의 역량을 개발하는 과정에 초점을 맞추었다면 이제부터는 그 상품을 가지고 승리하는 데 초점을 맞추고자 한다. 이는 전쟁 수행에 필요한 전략에 해당한다.

당연히 전략의 꽃은 최소의 자원으로 몇 배나 되는 적군을 격퇴하여 최대의 효과를 거두는 데 있다. 다윗이 골리앗을 이기는 방법이다. 그리고 그 방법은 전략적 우회를 통한 주도권 확보, 조심스러운 가지 뻗기 전략, 행동하는 지혜에 있다.

〈전쟁은 내 의지대로 수행해야 한다〉

故로 善戰子는 致人이요 而不致於人이니라.
그러므로 전쟁을 잘하는 장군은 적을 의도대로 끌고 다니며
적의 의도에 끌려다니지 않는다.

- 포스코 팀 리더 손자병법에 빠지다. 손자병법 제6편 허실 편 -

전략 5
우회를 통해 주도권을 잡아라

> 무릇 먼저 전장에 도착해 적을 기다리는 자는 편안하고, 나중에 전장에 도착해 뒤쫓듯 싸움에 임하는 자는 피로하다.
>
> 손자병법 군쟁 편

타이밍이 인생을 좌우한다

타이밍은 성공과 실패를 가르는 운명의 여신이다. 아무리 노력하고 고생해도 타이밍 때문에 실패하는 경우가 허다하다. 모든 것이 찰나의 순간에 결정된다. 깊은 사려를 통해 결정되는 것도 아니고 순간의 기분과 직관에 영향을 받는다. 그래서 운명의 장난이라 말하지 않았는가?

타이밍은 과학이 아니고 예술이다. 특히 주식투자는 타이밍에서 시작하고 타이밍에서 끝난다. 치밀한 분석으로 좋은 종목을 선정했으나 타이밍을 그르치면 모든 게 허사다. 잘못된 타이밍은 쪽박이고 적절한 타이밍은 대박이다. 누구는 바닥에서 사고 누구는 상투를 잡는다. 모두 타이밍의 문제이다.

신상품개발의 경우는 더욱 극적이다. 참으로 좋은 제품(기능과 가격)들이 채 베스트셀러가 되지 못하고 사장되는 경우가 허다한데 이는 제품출하 시기의 문제에서 발생되는 경우가 허다하다. 시장이 형성되지 않았고, 고객과 채널이 열리지 않은 경우가 이 경우인데 모두 타이밍에 관련된 내용이다.

권력에도 타이밍이 작동한다. 대선에서 보면 대체로 일찍이 두각을 나타낸 사람들이 선두로서의 이점을 지속해서 누리지 못하는 경우가 있는데 이 역시 타이밍의 실패로 보아야 할 것이다. 마치 마라톤에서 뒤에 따라오는 사람이 언제 치고 나갈 것인가를 판단하는 것과 같은 이치이다. 적절한 시점을 포착하는 능력! 권력을 잡으려는 모든 정치인이 본능적으로 갖추어야 할 감각이다.

사랑의 타이밍은 더욱 극적이다. 서로 좋아하는데도 타이밍이 안 맞아 헤어지는 커플도 많다. 그 사람 괜찮은데 왜 헤어졌느냐고 물으면 "느낌이 안 온다", "그 사람이 날 좋아하는지 정말 모르겠다"고 말한다. 결코 싫어하는 표현이 아니다(물론 어떤 이들은 싫어하는 감정을 이런 말로 에둘러 표현하기도 하지만…). 더욱 가관인 것은 헤어진 후 열정이 식은 다음에 생각해보니 진짜 좋아했던 사람이었구나 하고 깨닫는 거다. 그러나 이미 배는 떠난 경우가 많다.

직장에서의 성공 역시 타이밍에 좌우되기도 한다. 어떤 사람은 늘 열심히 일하는 사람인데 중요한 기회를 못 잡는 사람이 있는 반면, 어떤 사람은 평소엔 그렇게 열심히 한 것은 아니었는데 중요 시기에 반짝 하더니 승진한 사람도 있다. 사람들은 한두 해로 그럴 수 있을까라고 하지만 정말 그럴 수 있다. 물론 중요 시기가 승진을 가까이 둔 시기만은 아니다. 나에게 영향을 미칠 수 있는 사람을 만나는 시기가 중요 시기일 수 있다. 중요인물 곁에 가까이 있어도 별 인상을 못 준 사람도 있는 반면, 단 한 번의 만남으로 사람의 마음을 바꿔놓은 경우도 있기 때문이다.

흔히 타이밍은 빠른 것을 의미한다고 생각하기 쉽다. 물론 빠르면 타이밍을 잡기에 유리할 수는 있다. 그러나 타이밍은 무조건 빠른 것보다는 적절한 시점을 포착하는 능력, 즉 기회포착 능력이다. 그것은 중요한 포인트를 감지하고 정확하게 기회를 활용하는 본능적 감각이다.

승리의 핵심은 주도권이다

자연계의 절대강자는 사자와 호랑이라고 한다. 물론 지상의 경우에서이다. 그러나 이들보다 크지도 힘이 세지도 않으면서 그들과 같이 먹이사슬의 정점에 있는 동물들이 있다. 바로 족제비과 동물이다.

이들은 어떻게 해서 절대강자들 틈바구니에서 살아남고 더욱이 그들과 어깨를 나란히 할까? 바로 그들과의 싸움에서 주도권을 갖기 때문이다. 이들은 절대강자와의 부딪힘에 절대 물러섬이 없이 대결한다. 우연한 조우에도 용기 있게 공격한다. 스피드와 용맹성

> **족제비과 동물의 주도권 확보 능력**
>
> 북아메리카의 큰 족제비인 울버린, 중형급인 라텔과 오소리 모두 족제비과이다. 동아시아에서는 담비와 산달로 불리는 조그만 족제비이지만 모두가 해당지역에서는 큰 소리 치고 사는 녀석들이다. 사실 이들 지역에는 족제비보다 덩치가 크고 힘이 센 곰, 표범, 호랑이 등의 맹수들이 존재한다. 그러나 절대강자들도 이들을 무시하지 못한다. 몸무게가 20kg 정도인 울버린은 북아메리카의 불곰, 흑곰을 물어 죽인 일도 있으며, 심지어 북극곰까지 살육했다는 보고도 있다. 몸무게가 9~12kg 정도의 중형급인 라텔과 오소리는 퓨마나 늑대와도 대결한다. 소형급인 목도리담비는 몸무게가 5~6kg 정도 밖에 안 되는데 호랑이와 맞서기도 한다.

으로 상대의 약점을 집요하게 공격한다. 이들과 마주친 다른 맹수들은 이러한 공격으로 초기에 기가 죽고 뒤이어 주도권을 상실한다. 이것이 바로 족제비과 동물들이 자기보다 큰 맹수들 틈바구니 속에서도 어깨를 펴고 살아가는 방식이다.

주도권은 전쟁에서 핵심이다. 모든 전략서는 승리에 관한 것을 기술하는데 그 수많은 비책과 전략에 관한 내용들의 핵심은 주도권이다. 경쟁하는 두 집단이나 개인 모두 초기에는 팽팽하게 시작해도 시간이 지남에 따라 승패가 정해지는데, 그것은 바로 누가 주도권을 확보했느냐를 보면 알 수 있다.

주도권을 확보하면 싸움을 유리하게 이끌어 갈 수 있다. 주도권을 쥔 쪽은 그렇지 못한 쪽에 비해 모든 면에서 유리할 수밖에 없다. 중국의 현대 병법가 마쥔도 주도권에 대해 다음과 같이 언급하였다.

주도권이란 전형적인 군사용어이다. 그것은 군대가 전쟁을 벌이는 과정에서 적에 대해 갖추어야 할 자주적인 행동능력이다. 이는 공격시간과 공격목표를 장악하여 어느 때 칠 것인가, 어느 곳을 칠 것인가, 어느 정도 공격할 것인가, 어떤 목적에 도달할 것인가? 이 모든 것을 장악한다는 것을 의미한다. 결국 군사적 싸움이란 유리한 조건을 쟁탈하는 싸움이고 작전의 주도권을 쟁탈하는 겨룸이다. 손자 역시 군쟁 편(軍爭篇) 첫 마디에서 이 문제를 거론했다.

무릇 용병의 방법은 장수가 군주로부터 명령을 받고 군사를 모아 훈련시키고, 부대를 편성한 다음 이를 거느리고 출동하여 적과 대치하는 것인데, 승리에 유리한 조건을 쟁취하는 군쟁, 곧 선제적으로 주도권을 장악하는 것보다 어려운 것은 없다(凡用兵之法, 將受命於君, 合軍聚衆, 交和而舍, 莫難於軍爭).

주도권은 대체로 공격자가 갖는다. 이를 극명하게 보여주는 것이 바둑이다. 바둑은 흑의 선공에 대한 대가로 백을 잡은 사람에게 덤을 얹어준다. 대부분 게임 당사자들은 덤의 불리함에도 흑을 잡으려고 한다. 주도권은 그만큼 결정적이기 때문이다. 격투기를 비롯한 승부를 가르는 모든 게임도 바둑과 마찬가지이다. 공격이 최대의 방어란 말도 주도권의 확보와 관련된다. 전쟁도 마찬가지이다.

누구든 내 방식대로 전투를 치르길 원하고 그럴 때 승산이 더 크다.

   연인들과의 다툼이나 부부싸움도 마찬가지 아닌가. 대부분의 남자들이 이 싸움에 취약한 것은 이 게임이 여자들에게 유리하기 때문이다. 싸움의 소재, 싸우는 방식 등에 있어 여자들은 남자들의 약점을 물고 늘어진다. 그리고 약점은 여자들에 비해 남자들이 더 쉽게 노출한다. 약점을 잡힌 이상 주도권은 넘어간다.
   남녀간의 다툼에서 주도권을 잃지 않기 위해서는 약점을 보이지 말아야 하며 약점을 노출했을 때는 결코 이런 방식으로 싸우지 말지어다.
   직장생활에서 주도권은 누구에게 있을까? 당연히 우리 주변의 상사다. 그는 일을 시키는 사람이고 나는 그가 시킨 일을 하는 사람이다. 우리의 상사들은 직원들의 일하는 태도에 늘 불만이다. 우리더러 매사에 주도적으로 일하라고 한다. 그러나 그렇게 하기란 쉬운 일이 아니다. 일을 시키는 사람은 어지간해서는 피곤하지 않다. 반면 지시나 명령에 따라 일하는 사람들은 늘 피곤하다. 주도권을 가진 사람은 지치지 않는다. 주도권을 상실한 사람은 늘 피곤하고, 힘들고, 쉽게 지친다. 주도적으로 일하라고 하지 말고, 권한을 넘겨주고 우리가 스스로 알아서 하도록 주도권을 주면 안 될까? 이런 바람은 꿈이고 허영일까?

주도권은 내게 유리한 방식으로 싸울 때 확보된다

　전쟁은 불확실의 영역이다. 전쟁이 군 지휘관들에게 부여하는 조건이란 늘 그들에게 유리할 수만은 없다. 지휘관 누구도 그의 군대가 어떠한 상황에 처할지 장담할 수 없다. 그렇다 하더라도 장수는 어떤 불리한 상황에 처하더라도 싸우지 않을 수 없으며 쉽사리 항복할 수는 더더욱 없다. 단지 싸워야 할 뿐만 아니라 이기는 싸움을 해야 한다. 그래서 불리함을 유리함으로 바꾸고 승리를 획득해야 한다. 그 싸움의 시작은 주도권을 쟁탈하는 것으로 출발한다. 그러면 어떻게 싸워야 주도권을 쟁탈하고 승리를 가져올 수 있을까? 그러기 위해서는 반드시 내게 유리한 방식으로 싸워야 한다. 핵심은 상대의 가장 취약한 부분을 집중적으로 공격하여 균형을 잃게 만드는 것이다. 즉 나는 유리한 고지를 선점하고, 적은 불리한 여건에서 싸워야 한다.

　아무리 센 자라도 약점은 있다. 두푸이Dupuy라는 전쟁분석가는 『패전분석Understanding defeat; How to recover from loss in battle to gain victory in war』이라는 책에서 다음과 같이 언급하고 있다.

　　나폴레옹이 언급한 전쟁의 신화를 창조한 위대한 장군들의 승률은 대략 70~80% 정도이다. 그들의 승률을 보면 다음과 같다.

- 한니발(B.C. 247~B.C. 183): 5회 전투에서 4번 승리(승률 80%)

- 칭기즈칸(1162~1227): 25회 전투에서 2회 패배(승률 92%)
- 구스타프(1594~1632): 8회 전투에서 6회 승리(승률 75%)
- 듀렌느(1611~1675): 7회 전투에서 4회 승리(승률 70%)
- 오이겐(1663~1736): 11회 전투에서 8회 승리(승률 73%)
- 프레드릭(1712~1786): 12회 전투에서 9회 승리(승률 75%)

역사상 위대했던 명장들도 대부분 패배를 경험하였다. 그리고 그 원인은 적의 우세, 불리한 여건, 기습, 지원부대의 열세, 병력의 자질 부족 및 오판 등에 기인한다.

이는 다시 말해 실패할 확률이 20~30%나 된다는 뜻이다. 탁월한 군사적 천재에게도 약점은 존재한다. 아킬레스의 건은 누구에게나 있다. 따라서 우리는 적과 싸울 때 그들의 약점에 집중해야 한다. 골리앗에게도 치명적인 약점이 있었고, 그 약점을 다윗은 자신의 강점으로 승부했다. 주도권은 내가 잘하는 것을 가지고 적의 약점을 공격할 때 확보된다.

나폴레옹과 워털루에서 맞섰던 웰링턴 장군은 주도권을 현명하게 활용하였다. 전투에서 주도권을 잡는 능력은 나폴레옹에 비해 상대적으로 취약했기 때문에 웰링턴은 주도권을 빼앗는 것보다는 적이 주도권을 행사하지 못하도록 하는 데 초점을 맞추었다. 나폴레옹은 속전속결, 과감한 공격으로 상대의 허점을 포착한 후 이를 통해 주도권을 확보하는 형태의 전쟁을 선호한 사람이었다. 이를 냉철하게 간파한 웰링턴은 방어 중심의 작전을 하면서 프러시아의 지원군이 도착할 때까지 시간을 끌었다. 속전속결을 유도한 나폴레옹에게 넘어가지 않고 지연작전을 수행함으로써 끝내 주도권을 빼앗기지 않았다.

웰링턴은 전투의 주도권은 잡지 못했지만 상대도 주도권을 잡지 못하도록 하여 결국 나폴레옹에게 마지막 패배를 안긴 시대의 영웅이 되었다. 주도권은 내 방식대로 싸우는 것인 동시에 적이 자기의 방식으로 싸우는 것을 허락하지 않는 것이다.

베트남 전쟁에서 지압 장군은 미국처럼 강한 군대와 어떻게 싸웠는가를 물었을 때 다음과 같이 대답했다고 한다. "우리가 한 건 별로 없다. 우선 적들이 원하는 시간에 싸우지 않았고, 그들이 싸우고 싶어 하는 장소에서 전투를 치르지 않았으며, 그들이 생각하지 못한 방법으로 싸웠다."라고…. 주도권을 적에게 허용하지 않으면서 내 방식대로 싸운 전형적인 사례이다.

주도권은 선점하는 것이다

전쟁도 이러하거늘 하물며 인생에 대해서는 말해 무엇하랴! 인생에서도 성공하려면 내게 유리한 방식으로 싸워야 한다. 내가 남보다 잘하는 것이 분명히 있고, 아무리 강한 능력자라 하더라도 나보다 약한 구석이 있다. 그것으로 싸워야 한다. 그것이 주도권이다. 인생에서의 주도권은 남이 미처 생각하지 못한 새로운 분야를 선점하는데 있다.

미국 존스홉킨스의 대 대학원을 졸업한 김보나(29) 씨. 그녀의 직업은 프리랜서 메디컬 일러스트레이터다. 그녀는 환자나 의사가 이해하기 쉽도록 수술 방법이나 치료법, 질  병으로 인한 신체 변화 등을 그림으로 그린다. 치료를 위해 절개한 부위를 어떤 방식으로 봉합하는지 실의 움직임을 하나하나 묘사한다. 그림이 워낙 정교하다 보니 실물 사진보다 더 낫다는 평가를 받는다. 그녀의 작품은 의대생을 위한 전문서적에서부터 환자용 가이드북까지 다양하게 들어간다.

김씨는 삼성서울병원 암환자 교육 교재의 삽화를 그렸다. 암세포가 자라면서 적혈구나 DNA 구조가 달라지는 과정을 그림으로 표현했다. 삼성서울병원 암교육센터 조주희 센터장은 "정교한 그림으로 질병을 나타내니까 환자들이 이해하기가 훨씬 쉬웠다. 반응이 굉장히 좋았다."고 말했다.

김씨는 미국 메디컬 일러스트레이션협회가 선정한 '올해의 최우수상(학생 부문)'을 받았다. 미국에서는 메디컬 일러스트레이션 전공자에게 해부를 허용하고 있다.

김씨는 요즘 새로운 분야에 도전하고 있다. 아이패드용 '췌장암 진단 훈련 애플리케이션'이다. 1년여 간 준비한 끝에 출시를 앞두고 있다. 갓 의사가 된 사람의 교육용으로 만든 프로그램이다. 여기에는 현미경으로 본 췌장암 세포의 모습, 암세포 변화과정 등을 담았다.

김씨는 서울대 간호학과를 졸업하고 간호사 생활을 하다가 지인의 소개로 존스홉킨스의대 대학원 메디컬 일러스트레이션학과에 들어갔다. 미국에는 전문 메디컬 일러스트레이터가 1,500명 정도 있다. 우리나라에는 생소한 분야이다. 초기에 이러한 분야를 찾아 들어가면 주도권을 확보할 수 있다.

그러나 이러한 분야로의 진출은 사실 막연한 두려움을 갖게 한다. 과연 성공할 수 있을까? 주변의 평가도 부정적이다. 남들이 다 하는 것을 하지 왜 새로운 것을 해? 새로운 것을 하다가는 힘들 수 있다고…. 그러나 주도권을 잡으려면 경쟁자가 없는 곳이 제일 바람직하다.

남의 평가와 이목에 흔들리지 마라. 어차피 세상에 내 편은 없다. 내가 성공하는 것을 막기 위해 경쟁자는 죽자고 반대한다. 경쟁자가 아니라도 내 승리를 위해 전폭적으로 지지해주는 사람들은 많지 않다. 그럴수록 그들과 싸우려면 평정심을 잃지 않고 나만의 주도권을 행사해야 한다. 주도권은 전투에 유리한 시간과 장소를 선택하는 능력이다.

인생에서 주도권은 누가 뭐라 해도 자기의 의지대로 살아가는 것이다. 상대방의 페이스에 말리지 않는 것이다.

자기만의 방식으로 산 사람이 또 있으니 그가 바로 가수 김도향이다.

김도향은 1970년에 데뷔했다. 제대 후 군대 친구와 '투 코리안스'라는 듀엣을 결성해 일약 스타가 되면서 〈벽오동 심은 뜻은〉, 〈바보처럼 살았군요〉, 〈꿈의 대화〉 등

많은 히트곡으로 최고의 인기를 얻었다.

그러나 그는 가수의 길을 가다가 4년 후 활발했던 방송활동을 돌연 중단한다. CM 제작에 열을 올리면서 노래를 부를 여유가 없었기 때문이다. CM 한두 편이 큰 히트를 치면서 제작을 요청하는 주문이 물밀듯 밀려 잠을 자면서도 작곡할 정도였다고 한다.

'사랑해요~ 사랑해요~'(LG 사랑해요), '우리집 강아지~'(뽀삐 화장지), '이상하게 생겼네~'(스크류바), '아름다운 아가씨, 어찌 그리 예쁜가요~'(아카시아 껌) 등 'CM송의 대부'라는 별칭만큼 숱한 히트송을 만들어냈다. 월드콘, 아이셔, 맛동산, 알사탕, 삼립호빵 등 3,000곡이 넘는다.

수없이 밀려드는 일에 묻혀 살기를 수년. 바쁜 주변 환경은 자신을 돌아보는 기회로 다가온다. '내가 어떤 존재이고 또 어떻게 살아가야 하는지'에 대한 물음에 직면하게 된다. 그는 그때부터 소위 '도(道)'를 닦으러 돌아다니기 시작한다. 자기 성찰을 위한 명상을 시작한 것이다. 그는 오늘도 노래를 부르며 사람들을 치료한다. 될 듯 될 듯 잘 안 되지만 사람들의 마음을 치료할 수 있는 음반을 만드는 것

은 그가 추구하는 궁극적인 목표다.

그는 참으로 인생을 다른 사람들의 시선에 신경 쓰지 않고 자기만의 생각과 방식으로 주도적으로 살아간다. 부러운 일이다. 현명하게 인생을 살고 있다.

한번 잃은 주도권은 좀처럼 회복하기 힘들다

여름철을 보내는 데 필수용품 중 하나인 모기약. 모기약 하면 떠오르는 것이 '에프킬라'이다. 영어에 생소한 시골 어르신들도 멋지게 구사할 수 있는 단어라고 한다. 에프킬라는 삼성제약에서 1960년 일본기업 긴죠의 기술을 도입해서 만든 제품이다. 그 이후 살충제 시장을 장악한 제품이었다.

그런데 IMF 시절이었던 1998년 국민모기약 에프킬라는 글로벌기업 한국존슨에 넘어가게 된다. 이때 한국존슨은 에프킬라의 브랜드의 가치로 297억을 지급했다고 한다! 국민 브랜드 에프킬라의 국적이 바뀌기는 순간이기도 했다. 지금도 에프킬라를 우리나라 브랜드로 알고 있는 사람이 많을 정도로 너무나 친숙한 브랜드이다. 이후 한국존슨은 현재 모기살충제 에프킬라, 바퀴살충제 레이드의 막강한 라인으로 시장을 지배하고 있다.

반면 삼성제약은 그 이후 2004년 4월에 '삼성킬라 시리즈'를 다시 내놓으면서 살충제 시장에 뛰어들었다. 삼성제약은 좀 더 고급

화된 제품으로 차별화전략을 선택했다. 친환경 고품질 제품인 삼성 킬라 그린폴리스를 내놓으면서 시장을 공략하고 있다.

하지만 1960년 이후 국민 살충제로 자리잡은 '에프킬라' 브랜드와의 승부는 그리 쉽지 않다. 한번 잃은 주도권을 회복하기란 쉽지 않다.

돌아가는 것이 빨리 가는 것이다

주도권은 대체로 빠른 사람이 잡는 경우가 많다. 그렇다면 빠르지 않은 우리는 어떻게 주도권을 잡을 수 있을까? 답은 바로 '돌아가는 것'이다.

迂廻(우회; detour, 돌아감)는 군사전략가들의 단골메뉴로 손자병법에서부터 리델 하트에 이르기까지 지속적으로 언급된 전략의 기본기이다. 주도권은 우회에서 나온다고 『손자병법』은 분명하게 지적하고 있다.

손자가 그의 병법에서 제시한 '우직지계(迂直之計)'는 주도권을 확보하고 전쟁에서 승리를 가져오는 통상적인 생각의 범위를 뛰어넘는 획기적인 사상이다. 이러한 철학은 20세기 최고의 군사전략가인 리델 하트에 의해 다시 주목받았다.

리델 하트는 간접접근전략In-directive Approach을 주창하면서 직접적으로 적 전투력의 중심을 지향하는 것보다 우회하여 적의 허점을 공략하는 것이 승리를 가져올 수 있다고 주창했다. 그러면서 적을 공략하는 지점은 최소저항선the line of least resistance과 최소예측선the line of least expectation이라고 설파했다.

리델 하트가 말한 최소예측선은 손자의 出其不意(출기불의; 적이 의도하지 않은 곳으로 나아감), 최소저항선은 攻其無備(공기무비; 적이 대비하지 않는 곳을 공격함)의 다른 표현이다.

손자와 리델 하트는 이를 기반으로 빠른 돌파를 통한 주도권을 잡고 전과확대를 꾀하라고 주문한다. 돌아가는 것이 승리하는 것이며, 승리를 위해서는 우회를 통한 주도권 확보가 중요하다.

그렇게 된다면 무릇 먼저 전장에 도착해 적을 기다리는 자가 되

> 군쟁에서 가장 어려운 것은 먼 길로 우회하면서도 지근거리로 직진하듯이 하여 작전에 불리한 여건을 유리하게 전환시키는 것이다. 아군이 멀리 우회하여 행군하는 것처럼 보여 적을 기만하고, 사소한 이익을 미끼로 적의 기동을 지체하도록 유인한다면 적보다 늦게 출동하고서도 목적지에 먼저 도착하여 요지를 점령할 수 있다. 이것이 우회시동하면서 직진하는 것과 같은 효과를 내는 방법이다.(軍爭之難者, 以迂爲直, 以患爲利, 故迂其途而誘之以利, 後人發, 先人至, 此知迂直之計者也.)

어 편안하며, 상대방은 나중에 전장에 도착해 뒤쫓듯 싸움에 임하므로 피로할 것이다. 결국 주도권을 쥔 우리는 가까운 거리로 먼 거리를 기다리고, 편안함으로 피로함을 기다리고, 배부름으로 굶주림을 기다리는 것이 되므로 모든 면에서 유리할 수밖에 없다.

적의 균형을 무너뜨리고, 자신감으로 돌파하자

주도권을 지속적으로 유지하기 위해서는 먼저 승기를 잡는 것이 중요하다. 먼저 이길 수 있는 방법은 앞서 언급했듯이 상대방의 약점을 나의 강한 힘으로 공격하는 것이다. 이는 상대방이 예측하지 못한 곳, 상대가 대비하지 않은 곳이다. 여기서부터 시작해야 한다. 여기서 승기를 잡은 후 전과확대를 모색해야 한다.

먼저 이길 수 있는 것으로 집중하여 작은 승리를 쟁취하는 것이 주도권의 시작이다. 그리고 초기 싸움에서 승리하여 자신감을 축적하고 그 자신감과 사기로 다음의 전투에 대비해야 할 것이다.

사실 우리 주변의 잘나가는 사람들은 일을 주도적으로 처리하고 매사에 자신감이 차 있다. 그들은 무엇 때문에 그렇게 자신에 차 있을까? 어떤 이유일까?

자세히 들여다보면 초기 성공에 그 답이 있다. 그들은 어떤 일이든 초기에 작은 일에서 성공했다. 그것은 처음 시작한 공부에서 흥미를 갖고 좋은 성적을 거둔 것이고, 상사에게 제출하는 아주 별 볼 일 없는 그런 보고서였을 수도 있으며, 우연히 나선 초기 판촉활동에서의 성공이었을 수도 있다. 다른 사람들이 보기에는 매우 미미한 '그 작은 것'에서 사람들은 자신감을 축적하고, 다음 전투에 사기 충천하여 임하고 그리고 새로운 승리를 가져왔을 것이다. 이후 하는 일마다 성공을 거두었고, 연이은 전투에서 승리했기 때문에 자신감을 갖고 매사에 임하는 것이 아니겠는가? 자신감은 새로운 것에 대한 두려움도 떨쳐버릴 수 있는 자기최면이다. 우리에게 처음의 성공은 정말 중요하다.

초기에는 싸움 그 자체에 대한 경험 축적이 먼저가 아니고 싸움에 이기는 경험이 중요하다. 그러니 처음엔 이길 수 있는 것, 할 수 있는 것, 쉬운 것부터 시작해 자신감을 축적하는 것이 우선이다.

그러면 자신감으로 주도권을 잡은 그 이후는 어떻게 해야 하는가? 여세를 몰아 밀어붙일 것인가? 아니면 전열을 가다듬어야 하나? 통찰이 필요하지만 통찰을 뒷받침해주는 냉철한 분석이 뒤따라야 한다. 어떤 자들은 밀어붙여 성공하고, 또 어떤 자들은 그래서 실패한다.

전과확대를 위해서는 두 가지 관점에서 분석이 필요하다. 먼저 적이 전열을 갖추고 있느냐를 우선적으로 본다. 적이 초기의 실패에 당황하여 허점을 지속적으로 노출한다면 추가적인 전과확대를 위하여 공격하고, 적의 전열이 갖추어졌다면 잠시 우리 측 전열을 살펴보는 것이 좋다. 어차피 우리는 약자였으므로 물량전이나 지구전에는 취약할 수밖에 없기 때문이다.

> 첫 전투의 승리는
> 전황에 상당한 영향을 주고,
> 나아가 마지막 전투까지 계속해서
> 영향을 미친다.

마오쩌둥

- 타이밍은 성공과 실패의 갈림길에서 운명을 결정한다. 노력하고 고생해도 타이밍 때문에 실패를 초래하는 경우가 허다하다. 모든 것이 찰나의 순간에 결정된다. 타이밍은 기회를 포착하고 활용하는 능력이다.

- 골리앗에게도 치명적인 약점이 있었고, 그 약점을 다윗은 자신의 강점으로 승부했다. 주도권은 내가 잘하는 것을 가지고 적의 약점을 공격할 때 확보된다. 아킬레스의 건은 누구에게나 있다.

- 주도권은 전투에 유리한 시간과 장소를 선택하는 능력이다. 인생에서 주도권은 남이 미처 생각하지 못한 새로운 분야를 선점하는 것이며, 누가 뭐라 해도 자기의 의지대로 살아가는 것이다. 상대방의 페이스에 말려들지 않는 것이 중요하다.

- 강자와의 싸움에서 승리하기 위해서는 우회를 통한 주도권 확보가 중요하다. 이길 수 있는 것에 집중하여 작은 승리를 쟁취하는 것이 주도권의 시작이다. 첫 싸움에서 승리하여 자신감을 축적하고 그 자신감과 사기로 전과확대를 모색해야 할 것이다.

- 실패의 경험도 필요하지만 이기는 경험은 더욱 중요하다.

● 인생의 중요한 순간에 타이밍을 놓쳐 아쉬워한 적이 있습니까? 왜 타이밍을 놓쳤다고 생각하십니까?

● 나보다 실력도, 능력도 부족한 것 같은데 상사로부터 신임을 받는 사람은 무엇 때문일까요?

● 직장에서 나는 업무의 주도권을 가지고 일을 하고 있습니까? 어떻게 그렇게 된 것입니까?

● 별로 중요하지 않은 일에 심혈을 기울인 적이 있나요? 특히 첫 보고, 첫 업무에서 남들보다 잘한 적이 있습니까? 주도권의 시작입니다.

전략 6
튼튼한 뿌리에 기초한 조심스러운 가지 뻗기

> 만약 당신의 삶을 장려한 이야기로 만들고 싶다면
> 당신 자신이 작가이며
> 날마다 새로운 페이지를 쓸 기회가 있음을
> 깨닫는 것으로 시작하라.
>
> 월 로저스

어디로 향해 나아갈 것인가?

주도권을 확보한 후 어떻게 해야 할 것인가? 다음 공격 목표는 어디로 정할 것인가? 방향을 제대로 잡는 것은 성공의 출발이며 과정이다. 초기에 방향을 잘못 잡으면 성공을 위한 초석을 처음부터 잘못 놓는 것이다. 이는 향후 성공을 위한 노력의 정도에 결정적 영향을 미친다. 방향설정이 잘되면 향후 노력의 낭비를 줄일 수 있으며, 방향설정을 잘못하면 아무리 노력해도 헛수고일 뿐 결코 성공을 보장할 수 없다.

그러나 방향설정은 초기 설정 값으로 지속되는 것이 아니다. 다시 말해 한번 정해진 방향이 변함없이 지속되는 것도 아니다. 항해 도중에 목표지점과 비교하여 항로 중간중간에 수시로 방향을 수정해야 한다. 잘못되었을 경우는 바로잡아야 하고, 방향이 제대로라면 속도를 내야 한다.

왜 우리는 인생의 중요한 순간에 방향을 잘못 잡고 헤매고 있을까? 이유는 다음과 같다. 그것은 목표의 부재, 환경 분석능력 부족, 그리고 분수에 맞지 않는 욕심이다. 목표가 없는 사람은 흔들리기 쉬워 굳건히 방향을 유지하기가 어렵다. 목표가 없는데 어떻게 방향을 잡을 수 있을 것인가? 인생도 마찬가지 아닌가?

그러나 인생의 종착지가 어디인지, 인생목표를 무엇으로 잡아야 할지에 대한 답은 그리 쉬운 것이 아니다. 사실 인생목표는 세상이 어떻게 돌아갈지 알아야 하는데 그걸 알만한 사람은 그리 많지 않다. 부모, 친척, 그리고 선배들은 왜 그렇게도 마음에 안 드는 것들만 추천하는지? 만일 여기에 더하여 욕심이 하늘을 찌른다면 그는 반드시 실패한다.

목표는 왜why라는 단어와 연관된다. 무엇을 추구하는가는 그것을 추구하는 근본적인 이유가 무엇인가와 절대적으로 연관된다. 돈을 많이 벌고 싶다고 말하는 사람, 더 많은 권력을 추구하는 사람들, 그리고 명예를 얻고자 노력하는 사람들에게 늘 하는 질문은 '왜? 무엇을 위해서?'라는 질문이다. 저마다 추구하는 목표도 다르고 원하는 이유도 다르다. 어떤 이는 가정의 행복을 위해서라고 말하고 또 어떤 이는 하고 싶은 일을 위해서라고 말한다.

그러나 그냥 무작정 돈과 권력, 그리고 명예를 얻기 위해 노력하는 사람들도 있다. 돈을 많이 벌고 싶은 사람들은 "돈을 왜 많이 벌어야 하는데? 그렇게 많이 벌어서 무엇을 하려고?"라는 질문에 답할 수 있어야 하며, 권력을 추구하는 사람들은 "왜 권력을 가지려고 하는데? 그 권력으로 무엇을 하려고?"에 떳떳하게 답할 수 있어야 한다. 박사가 되고 싶은 사람은 "박사학위를 왜 원하는데? 박사를 해서 무엇을 할 건데?"라는 물음에 답할 수 있어야 한다는 말이다.

그런데 세상은 참 재미있어서 '왜? 무엇을?' 이라는 답을 갖지 않은 사람도 돈을 벌 수 있고, 권력도 잡을 수 있으며, 명예도 얻을 수 있다. 그러고도 잘사는 사람들이 많다. 물론 근원적인 이유에 답하지 못하는 사람들 중 일부는 돈을 더 갖기 위해, 권력을 쟁취하기 위해, 그리고 명예를 얻기 위해 세상과 타협하고 갖은 편법을 자행하며, 그렇게 얻은 힘으로 타인에게 피해를 주는 경우가 종종 있었지만 말이다.

그래서 우리는 분명한 방향설정을 위해 자신의 존재이유와 삶, 세계에 대한 분명한 가치관을 갖는 것이 필요하다. 내가 왜 존재하는 것에 대한 답을 갖고 있는 사람은 세상의 흐름에 따라 목표가 변하지 않으며, 가치관이 분명한 사람은 각종 유혹과 편법에 타협하지 않는다. 오히려 세상에서 성공하려는 어떤 목표를 가져야 하는가는 잘 몰라도 자신의 존재이유와 분명한 가치관을 가진 사람은 장기적으로 제대로 된 방향으로 갈 가능성이 다른 어떤 사람들보다 높다.

장차 무엇이 될 것인가에 관심을 두는 것보다 오늘 어떻게 살 것인가에 관심을 둘 때 성공 확률이 더 높다는 뜻이다. 내일의 꿈을 포기하라는 말이 아니다. 다만 오늘의 행동과 삶의 태도가 내일을 결정하기 때문에 오늘이 더 중요하다는 뜻이다. 특히 우리 B-플레이어에게는 말이다.

모두에게 같지 않은 가지 뻗기

초기에 방향을 잡는 것도 어렵지만 중간에 방향을 트는 것도 쉽지 않다. 어디로 뻗어 나갈까를 정하는 방법은 무엇일까? 자연계 생물들은 어떻게 방향을 잡아 나갈까? 상황에 따라 방향전환을 통해 집단 군락을 형성하여 삶을 이루는 생명체가 있다. 그것은 엄연히 동물이나 식물처럼 삶을 영위한다. 바로 산호초이다.

> 산호초(珊瑚礁)의 초라는 글자는 풀(草)이란 뜻이 아니고 암초(暗礁)라는 뜻이다. 암초는 바다 밑에 숨이 있는 좁은 계곡 같은 곳으로 잘 모르고 지나가다가는 배가 거기에 걸려 난파당하기도 한다. 바다 속의 산호초는 나무들이 자라나는 것 같이 군락을 형성하여 자란다. 그러기에 수많은 열대어들과 해양생물의 서식처를 제공하고 있다. 여기서 생성되는 산소는 열대우림에서 생산되는 양을 넘는다고 한다.
> 사실 산호초는 고착생활을 하는 강장동물이다. 말미잘처럼 촉수가 있고 바닷물을 빨아들여 그 속의 미생물을 소화시키고 남은 찌꺼기는 다시 입으로 내뱉는다.

> 산호초를 구성하고 있는 산호충은 공생관계에 있는 산호조류가 광합성 작용의 부산물로 만든 인산염과 탄산수를 반응시켜 석회암을 만들며 이 석회암을 이용하여 자신의 외부 골격을 만들어낸다. 개개의 산호충이 죽더라도 그 외부 골격은 남으며 죽은 산호충의 골격 위에 새로이 부착한 산호충들이 산호초의 전체 골격을 단계적으로 성장시키는 역할을 한다. 산호초는 1년에 15mm 정도씩 자란다. 산호초는 바닷물 속 깊은 곳에서는 느리게 자라며, 수면 근방에서 자연스럽게 정지된다. 따라서 가지를 뻗는 곳은 수면 위도 아니고, 아래도 아니고 '자신들이 생장해 나가는 데 좋은 조건을 가진 곳을 택해 그 가지를 뻗는 것'이다. 그렇게 자란 산호초는 7천 년 이상 군락을 형성한 곳도 있다.

1년에 15mm씩 자란 산호충이 모여 7천 년의 세월을 거쳐 거대한 산호 군락을 형성하여 요새를 만든다. 생명의 성장과 번성을 조심스러운 가지 뻗기 전략으로 실천한 생명체이다. 산호초의 방향전환은 수온과 수심, 그리고 산호조류의 변화에 의해 정해진다.

자기의 뜻대로 뻗어나가는 것이 아니라 상황의 변화에 맞게 방향을 설정하고 가지를 뻗어 나가는 전략을 구사하는 것이다. 상황이 맞지 않으면 방향을 바꾸는 조심스러운 가지 뻗기 전략의 달인이다.

그렇다면 고등동물들은 어떻게 가지를 뻗을까? 그들은 지식과 경험을 통해 가지 뻗기 전략을 구사한다.

모든 고등동물들은 험난한 자연에서 생존과 번영이라는 생명체의 본질에 충실하기 위해서 그들의 부모 형제로부터 배워야 한다.

태어난 그 상태만으로는 조금도 생명을 연장할 수 없기 때문이다.

특히나 우리 인간은 태어날 때 물려받은 본능과 유전형질만으로는 삶을 영위할 수 없는 몇 안 되는 부류 중 하나이다. 포유나 양육기간도 그 어느 생명체보다 길다. 이는 치열한 환경 속에서 살아남고 투쟁하고 번성하기 위해서는 끊임없이 학습하고 발전해 나가야 하는, 상대적으로 다른 생명체보다 약한 인류의 숙명 때문이다. 그래서 인간은 끊임없이 학습하고 자신의 경쟁력을 발전시켜야 한다.

성장과 발전은 그 말 뜻 그대로 '현재 상태의 머무름이 아닌 더 크고 더 좋은 상태를 위해 앞으로 나아감'이다. 그래서 학습도 하나의 과목에서 끝나는 것이 아니라 다른 과목도 해야 하고, 초보적 단계에서 끝나는 것이 아니라 지속적으로 다음 단계로 발전시켜야 한다. 직장에서의 직급도 발전시켜야 한다. 그를 통해 나의 능력이 개발된다.

사업도 하나의 분야에서 만족할 것이 아니라 가능하다면 다양하게 확대해야 수익이 더 크다. 조직을 경영하는 사람들은 현재보다 더 크게 발전시켜야 한다. 국가도 마찬가지 아닌가?

그런데 이러한 발전을 위한 노력은 위험 천만 하기도 하다. 대부분이 무모한 성장을 꾀하려다 지나친 욕심으로 실패하기 때문이다. 성장과 발전을 위한 가지 뻗기가 누구에게는 무모한 욕심이고 누구에게는 성장을 위한 과정이 되는가? 그러면 어떻게 성장하고 발전해 나가야 실패가 없는가?

앞으로 나아가다 보면 늘 새로운 것과 마주한다. 새로운 지식을 접하고, 새로운 경험을 해야 하고, 그 과정에서 만나는 새로운 경쟁자와 투쟁을 해야 한다. 모두가 새로운 도전이다. 새로운 것은 흥미도 있지만 위험요소도 같이 내재해 있다. 그러면 우리는 기회와 위험이 공존하는 상황에서 어떻게 앞으로 나아가야 하는가?

어린아이들의 걸음마 배우기를 보자. 수많은 시도와 넘어짐 끝에 아이들은 걸음마를 배운다. 걸음마를 시작할 때 부모들은 많은 넘어짐 속에서도 격려와 칭찬을 아끼지 않는다. 그래서 그걸 믿고 다들 걸음마를 떼었다. 그러나 지금은 어떤가? 이제는 우리가 앞으로 나아가려 할 때 부모님처럼 용기를 북돋아 줄 사람이 없다. 격려와 칭찬은 고사하고 심정적으로 믿고 의지할만한 상대도 없다. 외로운 투쟁이다.

수많은 책에서 또는 학자라고 하는 사람들은 "실패를 각오하고 앞으로 나아가야 또 다른 성취를 거둘 수 있다."고 말한다. 맞는 말이다. 그러나 모두에게 그 말이 적용되는 건 아니다. 그 말은 실패해도 다시 시작할 무언가를 갖고 있는 사람들에 한해서다. 돈이 많은 사람, 재능이 많은 사람들은 다양한 시도를 통해서 자기의 능력을 발전시킨다. 실패를 해도 다시 일어날 수 있는 배경이 있고, 가진 것이 많다. 그들에게는 실패마저도 학습의 일환이다.

그러나 우리는 가진 것이 없다. 여기서 실패하면 다시 일어나기 어렵다. 보통 사람들과 능력자들의 차이는 여기서도 분명히 나뉜다. 우리에겐 실패가 학습과 좋은 경험을 쌓는 기회가 아니고, 실패는 절망의 또 다른 이름이다. 따라서 우리는 앞으로 나아갈 때 조심스러워야 한다. 우리를 지원해줄 사람도 없고, 가진 것 하나 없으므로 가진 자들보다 더욱 신중해야 한다. 그래서 자신 있는 것에서부터 조금씩 가지를 뻗어야 하며, 그로 인해 축적된 자산으로 다음 단계로의 발전을 모색해야 한다.

발전하기 위해 현재에 머물러서는 안 된다는 것은 분명하다. 그러나 앞으로 나아가라고 해서 무작정 '돌격 앞으로!' 하면 '개죽음'을 당할 가능성이 높다. 어릴 때 부모님께서는 늘 "송충이는 솔잎을 먹어야지 갈잎을 먹으면 죽는다."고 하셨다. 함부로 갈잎에 도전하지 말자. 변변한 해독제나 치료약도 없이 무모하게 갈잎에 도전하지 마라. 조금씩 먹다 익숙해지면 그때 주식을 갈잎으로 바꿔도 늦지 않다.

성장과 발전을 위한 방식은 능력자들의 방식이 아니라 '우리의 방식대로 조심스럽게 조금씩 앞으로 나아가야 한다'는 것을 뜻한다.

마음을 비우자

그런데 사람들은 조심스러운 것보다는 과감한 것을 좋아한다. 그러나 사실 그 과감한 행동에는 욕심이라는 것이 숨어 있다. 욕심 그 자체는 나쁜 것이 아니며 인간에게 태곳적부터 주어진 이 세상을 발전시키는 좋은 DNA인 것이다. 그러나 과도한 것은 문제가 있는 법! 욕심도 지나치면 문제가 발생하기 시작한다.

욕심은 발전과 성장의 원동력이지만 욕심이 낳는 치명적인 결과를 성경에서는 다음과 같이 경고했다. "오직 사람이 시험을 받는 것은 자기 욕심에 끌려 미혹됨이니 욕심이 잉태한 즉 죄를 낳고 죄가 장성한즉 사망을 낳느니라."(야고보서 1:14~15)

우리는 종종 하나님의 시험을 받는다고 말하지만, 사실은 우리가 시험에 드는 것은 하나님 때문이 아니요 우리 마음속 저 깊은 곳의 욕심 때문에 시험받게 된다는 이 구절은 두고두고 새겨야 할 경구(警句)이다. 이 말은 앞서 제시한 성공의 목표라는 돈, 권력, 명예의 경우에서도 정확히 들어맞는다.

필요한 돈을 벌기 위한 노력은 자본주의 사회에서 장려되지만 더 큰 부를 축적하기 위한 욕심이 과하면 문제가 생기기 시작한다. 앞서 언급한 주식투자의 예를 다시 보자. 많은 사람들은 주식투자를 통해 시중의 금리보다 높은 수익을 추구한다. 그런데 주식투자를 하는 대부분의 사람들이 실패하는 이유는 무엇일까? 더욱이 이들은 처음부터 떨어지는 주식에 투자했던 사람들은 아니다.

전문가들의 견해를 들어보면 대부분의 사람들은 주가가 떨어졌을 때보다 주가가 올랐으나 투자로 얻은 수익이 자기가 목표한 수익률에 1~2% 부족할 때 더 갈등한다고 한다.

그리고 여기서 성공과 실패가 교차한다. 사실 1~2% 정도는 하루에도 몇 번씩 오르내리기 때문에 충분히 기대할 수 있는 수치이다. 따라서 조금만 기다리면 목표수익을 달성할 수 있다고 생각한다. 그러나 이상하리만치 대부분은 목표 수익률의 목전에서 주식이 하락한다. 이때 전문가들은 손절매를 하고 나오는 것이 현명하다고 조언하나 등락을 거듭하는 장에서 손을 털기가 쉽지 않다. 냉철한 이성보다 욕심이 눈앞을 흐리게 만드는 경우이다. 4%나 5%나 큰 차이가 없지만 심리적인 측면에선 매우 큰 수치인가보다.

욕심은 돈에 국한되지 않는다. 권력에 대한 지나친 욕심은 화를 불러올 수 있다. 욕심은 정당한 방법보다는 부정한 방법에 현혹되기 쉬우며 각종 편법에 자기를 맡기기 쉬운 마음의 상태이다.

우리는 매스컴을 통해 과도한 권력을 추구하다가 잘못되는 사람들을 허다하게 보았다. 거절하기 어려운 유혹이 권력에 대한 욕구이다. 전도양양한 많은 정치인들이 더 높은 권력을 꿈꾸다가 자신의 과거 행적을 기억하지 못해 청문회에서 낙마하는 경우가 바로 이 과도한 욕심에 기인한다.

신기한 것은 몇몇 장수 정치인 중에는 장관직에 대한 도전보다 다선의 국회의원에 만족하고 사는 분들이 있다. 그분들이라고 더 큰 권력에 대한 미련이 없겠는가? 그들은 왜 더 큰 대권을 꿈꾸지 않고 거기에 머무를까? 이유야 어찌되었건 그들은 더 큰 욕심을 접어둠으로써 오래도록 권력투쟁의 현장에서 확실한(?) 실리를 챙기는 현명한 분들이다.

사랑에서도 과도한 욕심은 파경을 초래한다. 사랑은 소유하고픈 욕망이 그 어느 경우보다 크다. 그러니 상대를 구속하려는 마음이, 심하면 서로에게 큰 상처를 주게 된다. 매우 신중하고 조심해야 하는 경우이다.

사랑은 나만의 욕심으로 되는 것이 아니라 상대에게 나의 사랑을 인정받고 공유하는 것이며 사랑을 허락받는 일이다. 그러기에 초초하지만 상대의 마음이 움직일 때까지 꾸준히 기다려야 한다. 여기서 상대와 감정의 공유가 발생하지 않으면 집착이 되고 스토커 변태가 된다. 때로는 더 큰 불상사가 발생하기도 한다. 그러므로 사랑의 경우 나만의 과도한 욕심은 위험하며, 상대가 움직이지 않는다면 차라리 대상을 바꾸는 것이 현명하다.

직장에서의 경우는 어떤가? 본인의 능력 범위를 벗어나는 승진과 보상을 원할 경우 무리수를 두게 되고 그런 과정에서 비록 원하는 것을 성취하였다 하더라도 언젠가는 좋지 않은 결과를 보게 된다.

그러나 대부분의 사람들에게서 발견되는 사실은 적당한 욕심을 갖기란 쉬운 일은 아니란 것이다. 누구나 말을 타면 누군가를 부리고 싶은 게 인지상정이다. 그런데 어떤 사람은 욕심을 부려도 문제가 없고 어떤 사람은 욕심을 부리는 순간 제명이 될까?

욕심을 부려도 문제가 없는 사람들은 여윳돈이 많거나, 대단한 권력을 가졌거나, 강력한 빽(!)을 지닌 사람들 뿐이다. 이러한 것들이 없는 보통 사람인 우리는 한순간에 제명되지 않기 위해 늘 깨어 있어야 한다. 방심하면 파멸의 나락으로 떨어질 수 있다.

정 욕심을 부리고 싶으면 자기 기준보다 제3자의 냉철한 평가에 귀를 기울여야 한다. 승진과 보상을 받고자 할 때 우선적으로 제3자에게 평가를 받아보는 것이 필요하다. 또한 나를 평가하는 사람이 왜 나를 긍정적으로 또는 부정적으로 평가하는지를 곰곰이 생각해 보아야 한다. 일반적으로 나보다 직급이 낮거나 나를 통해 이득을 얻을 수 있는 사람들의 경우는 나를 매우 긍정적으로 평가한다.

이들의 감언이설에 절대 넘어가면 안 된다. 한순간에 훅~ 간다.

정말 능력이 있는 사람이라면, 승진할 자격이 되는 사람이라면 주변 사람들이 반드시 추천한다. 그때까지 기다려라. 권력이 없고, 돈과 능력이 부족하고, 강력한 빽이 없는 사람들의 성공 처세술이다. 평판이 좋아질 때까지 참고 기다려다. 그러나 조급함과 자만이 그대의 기다림을 지치게 하리라! 결코 쉬운 일이 아니다.

누구나 마음속에 우상 한둘은 품고 있다. 우리의 우상은 김명민, 안철수 같은 사회적 성공의 표상들이다. 그러나 아무리 죽었다 깨어나도 내가 김명민 같은 까도남(까칠한 도시 남자를 말함. 절대 까맣고 도토리 같은 남자는 아님)이 되기 힘들고, 안철수 씨 같은 머리 좋고 훌륭한 사람도 되기 힘들다. 우상처럼 되고 싶다는 것은 현실성 없는 욕심이다. 그럼에도 사람들은 자기만의 우상을 만들고 그 사람처럼 되길 원한다. 그래서 우리는 따라갈 수 있는 사람을 만들어야 한다. 따라갈 수 있는 사람은 모범이 되는 사람으로, 우리는 그를 롤 모델role model이라고 한다. 그런 사람들은 평범한 사람들이고 우리 곁에서 쉽게 찾을 수 있는 사람들이다. 그래서 그가 할 수 있다면 나도 할 수 있다.

우상과 롤 모델을 구별하자! 꿈과 현실을 직시하라는 말이다. 나의 우상은 이순신 장군이나 내가 죽었다 깨어나도 그분같이 되기는 힘들다. 반면 내 주변에 있는 롤 모델은 내가 조금만 노력한다면 따라갈 수 있는 사람이다. 그리고 우상은 바뀌지 않지만 롤 모델은 바뀔 수 있다. 열심히 노력해서 그 사람처럼 되었다면 그 다음은 또 다른 사람을 롤 모델로 삼아 다음 단계로 전진할 수 있다. 우상과 롤 모델에 대한 구분은 욕심과 현실적 한계에 대한 명확한 구분에서 시작한다. 욕심을 버리고 내 수준에 맞는 롤 모델을 정하고 노력하는 것이 성공을 현실화시키는 첫 출발이 된다.

허황된 꿈보다는 현실에서 찾자

우리는 성공하기 위해서는 비전과 목표를 가져야 한다고 귀에 못이 박히도록 들어왔다. 그래야 한눈팔지 않고 목표에 집중할 수 있다고, 그래야 지금의 어려운 시기를 이겨낼 수 있다고 말이다.

물론 인생에서 비전과 목표가 없으면 방향타가 없는 배가 망망대해를 건너는 것과 마찬가지이다. 대부분의 자기계발 서적과 성공한 사람들이 비전과 목표의 중요성을 강조하는 것도 이 때문이다. 그래서 목표를 정하고 이를 달성하기 위해 한눈팔지 않고 열심히 노력하는 사람들은 성공한다.

그러나 비전과 목표를 분명히 하고, 내가 나아갈 방향도 잡았지만 이를 실천하는 것은 결코 쉬운 일이 아니다. 보통은 작심 삼일을 넘기지 못한다. 그나마 좀 더 의지가 있는 사람들은 일주일은 가지만 한 달을 넘기는 사람들은 거의 없다.

이럴 때 사람들은 흔히 "의지가 없다. 그래서 성공하겠느냐?"라고 말한다. 남도 그렇게 말하지만 우리도 자기 자신에 대해 그렇게 질책한다. 그런데 알다시피, 우리가 경험했듯이 이는 정말 쉬운 일이 아니다. 목표가 있어도, 비전이 있어도 그를 실천하는 것은 또 다른 문제이다. 이렇게 의지가 약한 우리에게 성공은 영영 물 건너간 것일까?

그런데 시야를 조금만 돌려 세상을 보면 특별한 비전과 목표 없이도 성공한 사람들이 적지 않다. 이들은 어떻게 해서 성공했을까? 어쩌면 이들의 성공 방식이 나 같은 보통 사람들에게 더 맞지 않을까? 왜냐하면 평범한 우리는 성공한 사람들처럼 목표와 비전을 갖고 독하게 참고 나가지 못하기 때문이다.

그리고 또 한편으로는 열심히 노력한다고 해서 꼭 성공이 다가오는 것도 아니다. 그러니 당연히 뼈빠지게 노력할 필요가 있겠냐는 생각도 있다. 따라서 비전과 목표 없이도 성공한 사람들의 성공 방식을 살펴보는 것은 대단한 의미가 있다. 늘 원대한 계획만 세우고 좌절하는 것보다는 특별한 계획 없이 성공하는 방법이 정신건강에도 훨씬 좋다.

스티브 잡스나 빌 게이츠의 성공을 보면 흔히들 미래 IT산업의 원대한 비전과 꿈을 갖고 시작했다고 오해하기 쉽다. 그러나 그들은 다만 컴퓨터를 통한 산업이 향후 발전 가능성이 있을 것이라는 단순한 생각으로 시작한 것이다. 하면서 자신의 컴퓨터와 프로그램이 잘 안 팔리고 길거리에 내몰리다시피 한 상황에서 우연한 성공을 거두고, 그를 바탕으로 다음 성공에 도전하다 보니 꿈이 생기고 비전이 생겼다고 보는 게 정확하다. 물론 컴퓨터와 운영체계에 대한 그들의 비전, 컴퓨터가 산업용에서 가정용이나 개인용으로 전환될 것이라는 생각도 사업을 하다 보니 발견한 것이다. 스티브 잡스의 I-시리즈를 보자.

아이팟에서 시작한 애플의 진군은 아이폰 시리즈에서 아이패드로 전선이 확대된다. 그러나 자세히 들여다보면 애플의 아이 시리즈는 모두가 애플컴퓨터에서 구현된 맥 OS 프로그램에 기초한다. 그리 새롭고도 큰 변화는 아니었다.

아이팟의 성공 역시 새롭게 만든 제품과 비즈니스가 아니었다. 아이팟을 단순히 음원 재생장치로만 인식하고 그 성능에만 매달린 다른 기업들과 달리, 애플은 아이튠즈라는 포털을 통해 음원을 무한대로 제공받을 수 있게 만들었다. 이는 스티브 잡스가 만화영화 제작사인 픽사Pixar에서 인연을 맺었던 음반관계자와의 협력을 통해 가능했다.

한국에서 먼저 아이오디오라는 제품이 개발되고 인기를 끌었음에도 지속적인 성공을 거두지 못한 반면 후발주자인 아이팟이 성공했던 이유가 바로 이 때문이다. 아이팟의 성공은 새로운 미지의 영역을 개척한 것이 아니었다.

아이폰 시리즈 역시 기존의 핸드폰 기능과 각종 애플리케이션의 결합으로 성공을 이끌었다. 삼성과 다른 모바일 업체들의 추격에도 아이폰 시리즈가 성공한 이유는 바로 앱스토어에 기인한다. 모두 동일한 방식이었다.

그리고 보면 시대의 천재였던 스티브 잡스도 완전히 새로운 것을 시도한 것이 아니라 이미 있는 방식의 결합을 통해 약간만 변형된 형태의 조심스러운 가지 뻗기 전략을 구사하여 성공한 인물이다.

능력에 기반을 둔 '조심스러운 가지 뻗기'

튼튼한 뿌리에 기초하지 않은 무분별한 가지 뻗기는 자멸의 지름길이다. 수많은 사람과 조직이 자신의 능력을 고려하지 않고 초기 성공에 자만하여 또 다른 변신을 시도하다가 역사의 뒤편으로 사라진 예가 많다.

우리는 흔히 사막의 여우 롬멜을 전쟁의 귀재라고 한다. 그는 신출귀몰한 전략으로 2차 세계대전 당시 아프리카 전투에서 영국군과 연합군의 간담을 서늘하게 하였다. 그러나 역으로 롬멜의 아프리카 전선에서의 활약이 독일의 역량을 분산시켜 초기의 성공에도 전과확대를 지속하지 못했다는 평가도 있다.

사실 그 당시 히틀러는 아프리카 전역은 현상유지만 하고 유럽전역에 집중하는 것이 주요 목표였다고 한다. 그러나 롬멜의 뛰어난 선전으로 아프리카에 대한 지원을 철회하기 어려운 상황에 접했고 이러한 상황이 결국 독일의 전력분산을 야기했다고 한다.

가지 뻗기 전략은 자신의 역량과 능력에 맞아야 한다. 그런 점에서는 태평양전쟁을 일으킨 일본군도 마찬가지다.

조선지배의 야욕을 넘어 아시아 전 지역에 대한 패권을 추구하려는 일본은 1982년 임오군란의 빌미로 조선에 일본군을 주둔시키고, 1994년 갑오농민전쟁을 계기로 조선에 대한 청나라의 강해진 영향력을 축소시키고자 청과의 전쟁에 돌입한다. 이 전쟁에서 일본은 당시 최강이라는 청의 북양함대를 격파하고, 청의 내륙까지 진출하여 연전연승을 거둔다. 일본은 이를 통해 요동반도, 타이완 섬을 이양받고 조선에 대한 청의 간섭을 철회토록 한다.

더 나아가 러시아의 존재에 부담감을 느낀 일본은 1904년 러일전쟁을 일으킨다. 뤼순의 러시아 함대를 선제공격하고, 압록강 연안에서 러시아군을 격파하고, 만주군 일본총사령부를 설치하는 등 잇따른 지상전에서 승리한다. 또한 러시아 최강의 발트함대를 전멸시킨다.

이 두 전쟁을 통해 조선과 만주에 대한 영향력을 확보한 일본은 먼저 1910년 조선을 강제합병하고, 만주사변을 통해 1932년 만주에 괴뢰정권을 설립하여 중국과 러시아에 대한 병참기지를 구축한다.

이후 일본은 1937년 베이징과 텐진 점령, 상하이, 그리고 국민군 정부의 수도 난징을 점령하여 대학살을 저지른 후 중국의 남북 10개 성(省)과 주요 도시의 대부분을 점거하였다. 그러나 광대한 영토에서 벌어지는 중국 공산당, 국민당 정권과 중국민의 저항은 쉽사리 일본의 의도대로 되지 않았다. 일본은 이러한 국면을 타개하기 위해 진주만 기습을 통해 '태평양전쟁'으로 전선을 확대함으로써 돌파구를 찾으려 하였다.

일본은 진주만 기습공격으로 미국 태평양함대에 치명타를 입힘과 동시에 말레이 반도 인근 해역에서도 영국의 신예전함 2척을 격침하고 제해권을 장악하였다.

프랑스령 인도차이나로부터 타이까지 제압하였고, 이어 1942년 1월 마닐라 점령, 말레이 반도에서는 1942년 2월 싱가포르를 점령하여 영국 극동군으로부터 무조건 항복을 받아냈다.

1942년 2~3월에는 경제적으로 중요한 수마트라 섬과 자바 섬을 점령하고 네덜란드군의 항복을 받아냈다.

또한 장제스 원조 루트를 차단하고, 인도를 영국으로부터 떼어놓기 위하여 버마(지금의 미얀마)에 침입해서 1942년 3월에는 랭군(지금의 양곤)을 함락시켰다. 이리하여 일본의 아시아에 대한 작전계획은 일단락되는 듯했다.

예상을 초월한 일본의 성공에 대해 전사연구가들은 충분한 준비를 거듭한 기습작전의 결과라고 말한다. 그러나 냉정히 볼 때 당시 아시아 국가들은 근대화의 물결에서 빗겨나 있어 변변한 무기와 군사기구조차 없었으니 일본의 초기 성과는 어찌 보면 당연한 결과였다. 청국은 이미 기울어가고 있었고, 최강의 북양함대는 사치와 향락에 찌들어 전쟁을 치를 준비조차 되지 않았다. 러시아 역시 차르 체제에서 공산혁명으로의 전환과정에 있었기 때문에 내치에 중점을 둘 수밖에 없는 상황이었고, 발틱함대도 오랜 항해 끝에 진이 빠진 상태에서 전투에 임하였기 때문에 결과는 불 보듯 뻔하였다.

그러나 이러한 우연과 행운이 따라주는 성공에 기고만장한 일본은 자국의 한계를 보는 냉철한 눈을 애써 가렸다.

일본의 무분별한 전장 확대와 식민지에서의 폭압적인 수탈은 일부 자원의 확보는 될지언정 식민지 국민의 저항과 그에 따른 군사력의 분산을 가져왔고, 무엇보다도 그들이 가진 역량의 한계를 노출시키는 결과를 초래하였다. '무분별한 가지 뻗기'가 오히려 일본의 패망을 앞당기는 단초가 되었다.

이런 관점에서는 당의 이세민도 마찬가지이다. 그는 중국 역사에서는 손꼽히는 현군이었지만 동북아 패권 도모를 위해 무모한 가지 뻗기를 위한 고구려 정벌로 당의 국력을 소진시키는 우를 범하지 않았는가?

이에 대해 우리는 마오쩌둥이 제1차 반포위토벌전에서 국민당군을 공격하는 첫 전투 직전에 한 말을 되새길 필요가 있다. 그는 말하기를 "첫 전투는 신중해야 한다. 적정·지형·인민 등의 조건이 모두 우리에게 유리하고, 적에게 불리하여 정말로 확실성이 있을 때에만 손을 써야 한다."고 했다. 있는 자, 가진 자도 무모한 가지 뻗기가 위험하거늘 하물며 가진 것이 없는 우리 보통 사람들이야 더 말해 무엇하랴!

일본군과 당의 이세민과는 달리 조선은 두 차례에 걸친 대마도 정벌을 통해 상당기간 왜구의 침략을 막을 수 있었으며, 평화적 관계를 오랜 기간 지속하는 효과를 거둘 수 있었다.

본래 대마도 정벌은 고려 창왕 2년(1989)에 박위가 1차로 정벌하였으며, 제2차 정벌은 태조 5년 1396년 12월에 김사형이 하였고, 세종 1년(1419)에 이종무가 3차 정벌을 단행하였다. 이에 대마도주는 신하의 예로서 조선을 섬길 것을 맹세하고, 경상도의 일부로서 복속하기를 청하였으며, 왜구를 스스로 다스릴 것과 조공을 바칠 것을 약속하였다. 세종은 이를 허락하고 이후 삼포를 개항할 때 대마도주에게 통상의 권한을 줌으로써 평화로운 관계로 전환되었다. 이 정벌은 이후 상당 기간 동안 왜구의 침입을 방지하는 효과를 가져왔으며, 일본인들로 하여금 평화적으로 무역과 내왕을 하도록 하는 정책을 펼 수 있는 기반이 되었다.

당시 조선 조정은 일본 대마도 정벌의 기세를 몰아 왜국 전체로 정벌을 확대할 수도 있었으나 오로지 정치적 목적을 거두는 것으로 군사작전의 범위를 한정하였다. 조선과 일본의 관계를 평화적으로 정착시키려는 판단 때문이었다. 그러나 한편으로는 확전에 따른 불필요한 국력의 소모를 막기 위한 고육책이기도 하였을 것이다.

그러나 어쨌든 당시 조정은 냉정하게 조선의 한계를 분명히 보았고, 확전해도 무리가 없었지만 정치적 목적 달성으로 만족해하였다. 이러한 현명한 선택은 이후 왜국과 상당 기간 우호적 관계를 유지하는 데 큰 도움이 되었다. 만일 조선 조정이 무리하게 확전을 꾀했다면 조선도 상당한 어려움에 처했을 것이 분명하다.

인생과 사업도 마찬가지이다. 초기의 큰 성공을 가져온 기업가나 개인들은 그들의 성공에 들떠 방송에 나가 인터뷰하고 신문기사화하여 그들의 업적을 외부에 과시하고 인정받으려 한다.

그리고 이 과정에서 자신에 대한 무모한 확신과 과대망상으로 또다시 새로운 일을 벌인다. 이러한 무분별한 확장은 파멸을 부를 뿐이다. 물론 많이 가졌다면 문제가 안 되겠지만, 가진게 적다면 '조심스러운 확장' 그것이 우리에게 적합한 방법이다.

할 수 있는 것, 가장 자신 있는 것부터

대표적인 사람이 바로 김연아 엄마 박미희 씨이다. 본래부터 김연아 엄마는 스포츠 기획사의 대표가 되겠다는 원대한 꿈을 꾼 사람이 아니다. 그저 딸을 위한 일을 조금씩 하다 보니 현재에 이른 것이다. 대부분의 사람들은 김연아의 성공을 말하지만 필자는 김연아 엄마의 행보와 그 성공에 초점을 맞추고 싶다. 김연아는 어린 나이에도 우리같이 평범한 인간이 범접하지 못할 포스를 가진 여왕이지만, 김연아 엄마의 변신 스토리는 평범한 우리 주변의 엄마의 모습에서 출발했기 때문이다. 왠지 우리와 가까운 사람 같아 보이는 면이 있다. 이 책에서 말하는 평범한 사람이 성공하는 좋은 표본이다.

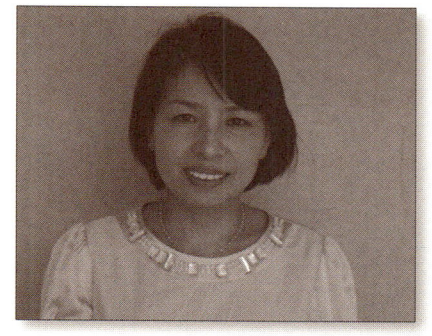

박미희 씨는 아이를 어느 정도 키우고 못다 한 화가의 꿈을 가고자 한 평범한 주부였다. 그러던 중 우연히 찾은 아이스링크에서 피겨에 대한 딸의 관심과 재능을 보고 피겨맘으로서의 길을 간다. 그러나 그 당시 그녀가 딸을 위해 할 수 있는 일은 다른 피겨맘처럼 그녀 곁을 지키는 일이다. 그러면서 점점 딸에게 집중한다.

그런데 딸은 자꾸 빙판에서 넘어지고 아파한다. 부츠의 문제이다. 엄마는 딸의 특성을 연구하여 문제를 해결한다. 잦은 딸의 부상에 엄마는 딸의 건강을 위해 따뜻한 링크를 가진 훈련장을 찾는다. 딸에게 더 좋은 코치를 위해 외국의 전문코치도 찾아간다.

    엄마는 매니지먼트 계약이 종료되자 이번에는 딸의 보다 더 나은 미래를 위해 직접 기획사를 차린다. 그리고 성공적으로 아이스쇼를 개최한다. 이제 그녀는 피겨계에서 그 누구도 무시하지 못할 기획사의 대표이다.

딸을 위해 스케이트 날을 달아주는 엄마의 모습에서 '안쓰러운 딸을 위해 해줄 수 있는 것이 이것뿐'이라는 보통 엄마의 탄식이 묻어 있다. 피겨 불모지에서 더구나 자신이 해보지도 않았던 분야에서 그녀가 할 수 있는 것은 오로지 그녀 곁을 지키는 것뿐이었으리라. 그러면서 그녀는 피겨스케이트와 그곳에서 일어나는 여러 상황들을 접했고, 자신이 딸을 위해 할 수 있는 것들의 영역을 조금씩 찾아가기 시작했다. 조심스러운 그러나 의도하지 않은 가지 뻗기가 시작된 것이다.

대부분의 그 분야 사람들이 김연아와 그녀의 엄마가 보여준 행보에 부정적인 견해를 보였던 때가 있었다. 이유는 이 두 사람이 과거의 피겨 선수와 피겨 맘들이 가지 않았던 길, 하지 않았던 행동을 보였기 때문이다.

불비하지만 한국의 훈련장을 두고 외국 훈련장으로 나가는 일, 코치를 바꾸고 기획사를 바꾸는 건 다른 운동을 하는 국가대표 선수도 쉬운 일이 아니며, 유명 연예인에게서도 쉬운 일이 아니다. 더

구나 평범한 엄마로서는 판단이 안 서는 경우도 허다했을 것이다. 그럼에도 그녀는 그동안 딸과 함께하면서 익힌 지식과 정보를 통해 딸을 위하여 조심스러운 도전을 해왔다.

물론 섣부른 변신과 차별화는 자멸의 지름길이다. 그럼에도 김연아 엄마가 보여준 변신은 성공 가능성이 높아 보인다. 바로 튼튼한 뿌리에 기초한 조심스러운 가지뻗기 전략을 구사했기 때문이다.

튼튼한 뿌리는 딸 김연아를 위한 것으로 모든 행동의 흔들리지 않는 핵심적 토대이며 절대적 가치이다. 조심스러운 가지 뻗기는 그저 그녀의 곁을 지켜 보는 것에서 부터, 훈련장 조정, 코치 바꾸기, 그리고 기획사 차리기 등이 그것이다. 모두가 할 수 있는 일부터 시작했고, 그 다음의 가지 뻗기는 경험과 지식을 통한 선행학습을 반드시 거친 후 다음 단계로의 진화를 조심스럽게 택하고 있다.

이는 기업으로 말하면 관련 다각화 전략이다. 다각화 이론에 의하면 비관련 다각화보다 관련 다각화가 성공 확률이 높다고 한다. 이 역시 '튼튼한 뿌리를 기초로 한 가지 뻗기 전략'의 다른 이름이다.

파랑새는 가까이 있다

우리는 늘 대단한 성취를 위해 원대한 꿈과 비전을 가지고 열심히 노력하려고 한다. 그러나 대단한 성취는 멀리 있는 것이 아니다. 파랑새는 바로 우리 주변에 있다. 주변에 있는 것을 보고, 거기에 집중하면 파랑새가 보인다.

조은시스템의 김승남 회장은 그의 인생과 사업 모두 관련 다각화 전략을 실천한 인물이다. 일반적으로 직업군인에서 사회로의 진출은 완전히 낯선 분야로의 진출이 대부분이다. 그래서 대부분의 직업군인들이 사회에 적응하는 데 시간이 걸리고 그마저도 성공적 정착은 요원하다는 것이 통념이다.

그 역시 그 부분을 알고 있는 듯 보인다. 그래서 그는 전역 후 취업할 때 군과 관련된 안전관리업무로 시작했다.

안전관리업무는 은행의 경비원들을 관리하고 책임지는 업무로 군 경비체계를 적용하면 무리가 없다. 이를 통해 사회에 성공적으로 정착한 이후 그는 은행의 수신고를 높이는 일을 시작하였다. 이를 통해 성공을 거두었고, 은행에서의 수신고와 예치금을 높이는 방식을 보험에 적용하여 또다시 성공한다.

모두 관련된 분야에서 시작하였고, 전에 하던 방식을 활용했으며 조심스러운 가지 뻗기 전략을 구사하였다. 보험업을 그만두고 그의 창업은 새로운 시도라고 볼 수도 있지만 사실은 전혀 새로운 것이 아니었다.

그것은 은행원 시절에 뒤늦게 익힌 컴퓨터 프로그래밍 실력과 함께 보안관리 팀장으로서 보안에 대한 관심을 IT로 접목시켜 시작한 조심스러운 가지 뻗기 전략을 구사한 것이다. 잡코리아 창업 역시 좋은 인재를 뽑기 위한 연장선에서 시작한 사업이었다. 그는 필자가 제시한 방법으로 성공한 이상적 모델이다.

사실 새로운 길로 가는 것은 모든 사람에게 똑같이 위험하다. 실패의 가능성이 늘 도사리고 있다. 뛰어난 사람들도 그런데 하물며 평범한 우리야 더 말할 필요도 없다.

그렇기에 새로운 길로 갈 때는 치밀하게 준비해야 한다. 그리고 완전히 새로운 것보다는 익숙한 것에서 조금씩 확대해 나가는 방식이 훨씬 더 안전하고, 다가올 위험에 대비할 수 있다.

우리는 다음과 같은 지혜의 말씀에 주목해야 한다. "슬기로운 사람의 눈은 지혜를 가까이에서 찾지만, 미련한 사람은 눈을 먼 곳에 둔다(잠언 17장 24절)." 하나님은 우리를 너무도 사랑하셔서 우리가 답을 찾을 때 찾기 어려운 곳에 두시지 않고 찾기 쉬운 곳에 두신다는 점을 기억해야 할 것이다.

그것은 내 주변의 사람들이고, 내가 하는 일에 있으며, 내가 잘 알고 있는 것에서 찾을 수 있다. 눈을 크게 뜨고 주변을 다시 돌아볼 일이다. 대박은 우리 곁에 있고, 우리가 그토록 찾아 헤매는 파랑새는 바로 우리 곁에 있다.

> 먼저 필요한 일을 하고 그다음에 가능한 일을 하라.
> 그러면 어느 순간 불가능한 일을 할 수 있게 된다.
>
> **아시시의 성 프란체스코**

✓ 장차 무엇이 될 것인가보다 오늘 어떻게 살 것인가에 관심을 둘 때 성공 확률이 더 높다. 오늘의 행동과 삶의 태도가 내일을 결정하기 때문에 오늘이 더 중요하다.

✓ 실패를 각오하고 앞으로 나아가야 또 다른 성취를 거둘 수 있다는 말은 모두에게 적용되는 것은 아니다. 그 말은 실패해도 다시 시작할 무언가를 갖고 있는 사람들에 한해서다. 돈, 재능, 배경 등이 있는 사람들은 실패마저도 학습의 일환이다.

✓ 그러나 가진 것이 없는 우리에겐 실패는 절망의 또 다른 이름이다. 따라서 우리는 앞으로 나아갈 때 조심스러워야 한다. 방심하면 파멸의 나락으로 떨어질 수 있다. 튼튼한 뿌리에 기초하지 않은 무분별한 가지 뻗기는 자멸의 지름길이다.

✓ 우리는 늘 대단한 성취를 위해 원대한 꿈과 비전으로 멀리 봐야 한다고 한다. 그러나 대단한 성취는 멀리 있는 것이 아니다. 파랑새는 바로 우리 주변에 있다. 주변에 있는 것을 보고, 거기에 집중하면 파랑새가 보인다.

✓ 상황의 변화에 맞게 방향을 설정하고, 지식과 경험을 통해 가지를 뻗어 나가는 전략을 구사해야 하며, 우리의 능력과 우리의 방식대로 조금씩 앞으로 나아가야 한다.

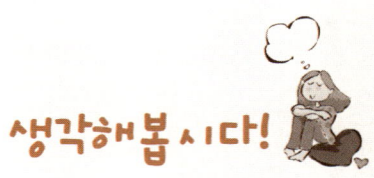

생각해봅시다!

🔸 당신의 꿈과 비전은 무엇입니까?

🔸 그 목표는 지금 내가 가진 것과 관련되어 있습니까?

🔸 지금 당장 필요한 것은 무엇입니까?

🔸 꿈과 목표를 달성하는 과정에서 그 중간 단계로 성취해야 할 조심스러운 가지 뻗기는 무엇일까요?

전략 7

승부의 순간엔 행동하면서 생각하자

> 어떤 사람들은 성공에 대해 꿈만 꾸지만
> 어떤 사람들은 꿈을 위해
> 잠자리에서 일어나 열심히 일한다.
>
> 토머스 빌로드

한 치 앞도 보기 어렵고, 뜻대로 되지 않는 세상

점점 더 내일을 알 수 없는 세상이 되어가고 있다. 과거 우리 부모님과 그전 선조들이 살았던 세상은 그렇지 않았다고 한다. 그저 철 따라 봄에 파종하면 가을에 추수하고, 계절의 변화와 달이 차고 기우는 것에 따라 세월의 흐름을 알았던 우리 선조들이 참으로 부럽기까지 하다. 머나먼 타국 땅의 일은 고사하고 한 나라 땅덩어리에서 일어나는 일도 한참이나 지나서 알았던 그때가 부러울 때가 많다.

문명의 발전으로 우리는 지금 일본의 대지진과 쓰나미, 원전폭발의 공포를 함께 나눈다. 우리가 할 수 있는 것이 아무것도 없음에도 걱정만 태산이다. 북극의 빙하가 몇 년 내에 다 녹을 거라는 비관적인 예측도 접하고 있다. 온난화라는데 우리의 겨울은 왜 그리 추웠는지? 수많은 사람의 예측과 전망이 온 매스컴을 뒤덮었다. 전문가라는 사람들이 얘기하는 말들이 귓가에 맴돌지만 어느 것 하나 제대로 앞날을 예측하거나 속 시원하게 말해주는 사람이 없다.

> 어니 젤린스키는 "걱정의 40%는 절대 현실로 일어나지 않고 걱정의 30%는 이미 일어난 일에 대한 것이고, 걱정의 22%는 사소한 고민이고 걱정의 4%는 우리 힘으로 어쩔 도리가 없는 일에 대한 것이고 걱정의 4%만이 우리가 바꿔놓을 수 있는 일에 대한 것이다."라고 말했다. 우리가 걱정하는 것들은 쓸 데 없는 걱정이 대부분이다.

세상은 정말 정신없이 변화하고 있다. 그런데 내가 할 수 있는 것이 하나도 없다. '하늘의 뜻'이란 말이 문명세계에서 잊힌 지 오래지만 이제는 정말 하늘을 바라만 봐야 하는 상황 같다. 우리 보통 사람들, 그러한 변화에 어찌할 도리가 없는 사람들은 차라리 이러한 현실을 모르는 것이 더 낫지 않을까? 왜냐하면 다가오는 위험을 피할 방법도 없기 때문이다. 그저 오늘 행복하게 사는 것뿐 다른 방법이 없다. 걱정이 또 다른 걱정을 낳을 뿐이다.

자연재해는 하늘의 뜻이라고 지나칠 수 있지만 어이없게도 이와 비슷한 상황이 우리 주변에서도 일어난다. 비행기 여행 중에 우리는 종종 난기류를 만나거나 악천후를 접한다. 그때마다 참으로 무력감을 느낀다. 두려움과 공포로 가득한 비행기 안에서 내가 할 수 있는 일이 아무것도 없기 때문이다. 내 운명은 오로지 그 당시 조종사의 컨디션과 능력에 달려 있는 상황인데…. 이거 정말 힘 빠지게 한다. 지상이라면 그 자리를 피해 멀리 달아나기라도 할텐데…, 비행기 안에서는 어찌할 방도가 없다.

사실 이런 일은 비행기에서만이 아니고 우리 삶 속에서도 허다하다. 문병의 발전 속에서 진행되어온 지식사회, 새로운 정보통신기기, 그리고 의료기술의 발전은 우리의 상상을 뛰어넘어 앞으로 어떻게 진행될지도 모르겠다. 모바일과 웹의 결합은 우리의 삶의 방식을 바꾸어 놓고 있으며, 의료기술의 눈부신 발전으로 천수를 누리는 것이 현실화되고 있다.

정말 행복한 세상이 펼쳐지는데 그 속에서 내가 주인공이 되면 얼마나 좋으련만 나는 항상 조연이고 엑스트라라는 생각을 떨쳐버릴 수 없다. 주인공들은 새로운 세상을 만들고 그 세상에서 얻는 이로움을 만끽하며 살아가지만 우리는 그들이 만들어놓은 세상에서 허우적댈 뿐이다.

주인공은 아니지만 그래도 앞서가는 일부 사람들은 나름의 지식과 경험 그리고 논리로 앞으로 세상이 어떻게 될지 추측이라도 하지만 그 역시 내가 잘 모르는 분야라면 세상이 어떻게 전개될지 오리무중일 뿐이다. 내가 이 세상에서 어찌할 방법이 없다. 무력하기 짝이 없다.

세상의 변화를 읽지 못하는 것뿐 아니라 경쟁자의 행동도 읽기 어려워 무력하기 짝이 없다. 이상하게도 경쟁자들은 항상 나보다 더 열심히 노력하고 있으며 내가 미처 생각지 못한 방식으로 앞서려고 한다. 시도 때도 없이 쉼 없이 도전해오고 있다. 한 놈을 제치면 또 다른 한 놈이 어느 틈엔가 목전에 와 있다. 참으로 피곤하다. 여기서 포기하면 안 되는데 경쟁자들은 나의 상황을 너무도 잘 알아 내가 피곤하고 힘들 때 도전해 온다. '참 뜻대로 되지 않는 세상'이다.

그래서 희망이다!

다행인지 불행인지 모르겠지만 세상은 참으로 다양하다. 인종과 국가, 문화도 다양하고 직업도 다양하다 세상 사람들도 천차만별이다. 외국 사람은 차치하고라도 우리나라 사람들 중에서도 이해할 수 없을 만큼 생각과 행동이 다른 사람들이 있다는 것이 신기하고 또 그 많은 사람 중에 나와 같은 사람이 없을 만큼 세상은 넓고 다양하다.

지식사회의 특징적인 현상 중 하나는 이토록 넓고 다양한 세상이 서로 복잡하게 얽혀 작동하기 시작한 것이다. 과거에는 남의 일로 끝나던 것이 이제는 서로 복잡하게 얽혀 있어 그 영향과 결과를 가름하기 어려울 정도가 되었다. 복잡한 네트워크, 즉 연결망은 사람들 간의 통신, 교통의 진보로 가속화되고 있으며 지식경제를 통해 뒷받침되고 있다.

온난화로 인한 세계적인 자연재해, 태국의 홍수, 북국의 빙하가

녹는 것이 그저 환경이 변화로만 생각했지만 우리의 경제와 밀접한 관련이 있으며, 그로 인해 어느 산업은 떠오르고 어느 산업은 사양 길에 들어서게 된다.

한국의 외환보유고 정책이 전 세계 환율시장을 소용돌이치게 만들었던 현상, 중국 베이징에 있는 나비의 날갯짓이 미국 서부 캘리포니아에서 허리케인이 되는 나비효과가 모든 부문에서 나타나고 있다. 미국 발 부동산문제가 확산되어 전 세계적인 금융위기가 초래되는 것은 세상이 복잡하게 얽혀 있기 때문이다.

한때 미래가 어떻게 될 것이라는 예측이 가능했던 시기가 있었다. 미래 경제 전망, 산업 트렌드 등을 예측하는 전문가와 기관들을 신뢰했다. 그들이 제시하는 전망치와 예측들을 기반으로 기업과 개인은 내일을 준비했고 그에 따라 행동할 수 있었다.

그러나 지금은 그들의 전문성에 의구심을 던지는 사람들이 많다. 그들의 예측이 맞는 경우가 거의 없기 때문이다.

우리 사회를 떠들썩하게 했던 '미네르바 사건'의 주인공 역시 우리가 생각하는 고학력을 가진 전문가가 아니었는데도 그의 치밀한 문체와 분석은 전문가를 능가하는 수준이었다. 우리 사회에서 전문가와 일반인의 경계가 모호한 상황이 전개되고 있다.

그러면 이런 복잡한 세상의 흐름에 무작정 따라갈 수도 없는 우리에게는 또 다른 위협인가?

아니다. 전문가도 맥을 못 출 만큼 복잡해졌다는 것은 우리에게는 어쩌면 희망이다. 복잡한 세상, 그래서 예측할 수 없는 세상에서는 어쩌면 전문가들의 분석보다는 개개인의 직감으로 살아가는 것이 더 정확할 수 있기 때문이다. 이는 기회가 다가오고 있다는 신호이기도 하다. 왜냐하면 전문가들이 분석으로 시간을 보내는 동안 우리는 직감을 믿고 행동할 수 있기 때문이다.

사실 세상이 예측 불가능하고 복잡한 것에 대한 논의는 군사 분야에서 일찍이 논의되었다. 특히 클라우제비츠는 전쟁을 마찰과 안개가 작동하는 불확실한 영역이라고 설파하였고, 몰트케는 모든 작전계획과 의도는 전쟁이 시작되면서 무의미해진다고까지 주장하였다.

우리가 사는 세상도 이와 다르지 않다. 총성이 울리진 않지만 그 속에서 작동되는 모든 상황은 전쟁의 특성을 그대로 반영한다.

치열한 경쟁과 예기치 않은 여러 사건들, 전쟁에 참여하는 당사자들의 극한적 한계 등의 상호작용으로 전장은 복잡해지고 전쟁의 양상이 다른 방향으로 전개되기도 한다.

햄릿보다는 돈키호테처럼

이런 안개와 같은 불확실성의 상황에서 성공은 햄릿보다는 돈키호테에게서 나온다. 심사숙고도 중요하지만 열매를 맺기 위해서는 행동해야 한다. 특히나 우리 보통 사람들은 심사숙고형의 천재들과는 거리가 있다. 천재들의 경우는 깊이 생각해도 되지만 우리는 '장고 끝에 악수'를 두는 경우가 허다하다.

사람들은 성장하고 교육받으면서 저마다의 유전적 특징과 환경의 상호작용을 통해 자기만의 방식으로 세상에 대응한다.

이러한 과정에서 뇌는 그 처리 프로세스를 효율화시켜 자기에게 적합한 사고패턴을 형성한다. 어떤 사람은 논리적 사고 또는 심사숙고하는 것이 익숙하고 또 어떤 이는 직관적으로 생각하고 행동하는 것이 더 익숙한 경우가 있다.

숙고형의 경우 생각할수록 정확한 답을 얻을 수 있는 반면 행동형은 생각할수록 오답일 확률이 높다. 자기가 심사숙고형인지 행동형인지를 판별하는 것이 우선이다. 그리고 본인이 행동형이라면 대체로 무의식적이고 빠른 판단을 하는 데 더 익숙할 것이다. 머리 아픈 것보다는 행동하면서 생각하는 것이 더 편할 것이다.

그리고 만일 심사숙고형이라면 움직이는 것보다는 생각하는 게 익숙할 것이다. 대체로 심사숙고형은 머리가 뛰어나고, 학습능력이 남보다 앞선 사람들에게서 나타나는 형태이다.

그런데 문제는 머리도 보통이고 학습능력도 그리 뛰어나지 않은데 심사숙고형만을 고집한다면 인생이 참으로 고생스럽다. 죽었다 깨어나는 노력이 있어야 가능한 얘기다. 태어나기는 행동형으로 태어났는데 본인이 숙고형으로 살아간다면 인생이 피곤할 수밖에 없다.

필자는 우리 보통 사람들에게는 심사숙고형보다는 행동형을 추천한다. 그래야 성공에 조금 더 가까이 다가갈 수 있다. 그리고 심사숙고형 중에 성공하는 이가 그리 많지 않은 것도 행동형을 추천하는 이유이다. 심사숙고형은 일부 천재들에게만 통하는 방식이다. 그런데 모든 사람에게 그런 방식을 가르치고 따르고 있으니 걱정이

〈돈키호테의 노래〉

『돈키호테』의 원작은 스페인 소설로 제목은 'El ingenioso hidalgo don Quijote de la Mancha'이고 영어판 제목은 'The Ingenious Hidalgo Don Quixote of La Mancha'이다. 이 소설은 영화와 뮤지컬로 제작되기도 했는데, 특히 1965년에 미국에서 상영된 뮤지컬 〈Man of La Mancha〉가 유명하다. 이 뮤지컬에 나온 노래들 중 Jon Darion이 작사한 〈The impossible dream〉이라는 노래가 있는데, 뮤지컬의 메인 주제곡으로 플라시도 도밍고나 프랭크 시나트라 등 수많은 가수에 의해 애창되었다. 노랫말은 다음과 같다.

그 꿈 이룰 수 없어도 싸움 이길 수 없어도 슬픔 견딜 수 없다 해도
길은 험하고 험해도 정의를 위해 싸우리라. 사랑을 믿고 따르리라.
잡을 수 없는 별일지라도 힘껏 팔을 뻗으리라.
이게 나의 가는 길이요
희망조차 없고 또 멀지라도 멈추지 않고 돌아보지 않고
오직 나에게 주어진 이 길을 따르리라.
내가 영광의 이 길을 진실로 따라가면
죽음이 나를 덮쳐와도 평화롭게 되리
세상은 밝게 빛나리라.
이 한 몸 찢기고 상해도
마지막 힘이 다할 때까지 가야 해.
저 별을 향하여~

다. 대부분의 사람들이 좌절할 수밖에 없다.

그런 점에서 라이트 형제의 행동방식은 우리가 새겨볼 필요가 있다. 동시대 천재과학자와 겨루어 승리한 사람들이 한낱 자전거포를 운영했던 사람들이 아닌가.

그들의 승리 원동력은 '머릿속으로 생각하고 행동한 것이 아니라 먼저 행동하고 생각한 점'이다. 그들은 행동하는 과정에서 문제를 발견하고 그 과정 속에서 수정했다.

이 힘난한 전쟁터에서 모든 일이 계획대로 된다는 것은 어불성설이고 그럴 가능성도 거의 없다. 이런 상황이라면 치밀한 계획보다는 행동하면서 실천에 옮기고, 그 과정에서 수정하고 보완해 가는 것이 시간을 단축시키는 가장 효율적 방법일 수 있다.

많은 학자들의 저서와 강연을 보면 늘 합리적 생각, 심사숙고를 권한다. 물론 세상에 불가능은 없다. 따라서 지속적으로 연습하면 된다. 시간이 걸려서 그렇지…. 그리고 그렇게 해서 성공하는 데 꼭 도움이 되는가? 사실 대부분의 성공은 이리저리 재고 고민하는 것보다는 중요한 순간에 결심하고 행동함으로써 결정된다.

행동형으로 성공할 수 있는 사람을 심사숙고형으로 만들려는 이유는 왜일까? 다르게 태어난 사람을 무조건 한 방향으로 무리하게 몰고 가면 우리의 뇌에 과부하가 걸린다. 과부하는 스트레스를 낳고 그로 인해 좌절감에 빠질 수 있다.

우리는 생각하고 행동하는 것이 아니라 행동하면서 생각할 때 승산이 높다. 그러나 돈키호테처럼 행동하려면 대단한 용기가 필요하다.

이병주 LG 경제연구원, 조선비즈 〈Weekly BIZ〉
"실패를 즐겨라 100년 전 라이트 형제처럼" 2011.5.27일자

〈랭글리 박사와 라이트 형제〉

1903년 12월 8일, 당대 최고의 물리학자이자 비행가인 랭글리Samuel Langley 박사는 17년간 정부의 전폭적인 지원 하에 연구하던 비행기 개발 프로그램의 실험을 진행하였다. 두 달 전에 있었던 첫 실험의 실패로부터 얻은 데이터를 철저히 분석했다며 성공을 자신했다. 하지만 비행기는 포토맥 강에 그대로 추락했다.

9일 후 노스캐롤라이나의 키티호크 해변에서 라이트(Wright) 형제가 비행 실험을 시도했다. 12시 정각에 동네 사람 다섯 명이 지켜보는 가운데, 형인 윌버(Wilbur Wright)가 59초 동안 260미터를 날아가는 동력 비행을 성공시켰다. 랭글리 박사가 실패하고 〈뉴욕타임스〉의 기사처럼 '천 년은 더 걸릴 것' 같다는 유인 비행기 개발이 오하이오 데이턴에서 자전거포를 운영하는 무명의 형제들에 의해서 성공한 것이다.

어째서 당대 최고 과학자는 실패하고, 자전거포를 운영하는 라이트 형제는 성공했을까? 더욱이 라이트 형제는 비행기를 띄우는 데 고작 4년밖에 걸리지 않았다.

인류 최초의 비행기 개발은 고도의 불확실한 작업이다. 하늘에서 바람의 방향은 시시각각 바뀐다. 바람의 미묘한 차이에도 비행기는 추락할 수 있다. 이러한 상황에서 랭글리 박사는 이론과 계획에 따라 행동했지만 라이트 형제는 이론적이지는 않았지만 실험을 하면서 오류를 그때그때 개선해 나갔다. 시행착오를 거치면서 계획을 바꾸었다. 이것이 라이트 형제가 랭글리 박사를 이긴 비결이다.

군사적 천재와 용기

　클라우제비츠는 그의 『전쟁론』에서 전쟁의 불확실성을 언급하면서 이를 마찰과 안개로 표현하고 있다. 여기서 불확실성은 전황과 적에 대한 정보, 그리고 아군의 능력에 대한 복잡한 결합으로 인해 발생한다. 안개는 현 상황과 경쟁자에 대한 정보획득이 곤란하여 및 미래를 예측할 수 없는 상황을 말한다. 그에 따라 지휘관이 판단하는 데 확신이 서지 않는 상황이며, 마찰은 지휘관의 전략과 계획의 실행과정에서 의도대로 되지 않고 발생하는 다양한 문제들을 지적하고 있다. 리더의 직관은 일찍이 군사 분야에서의 주요 관심사였다.

　특히 클라우제비츠는 전쟁은 본질적으로 위험하고 불확실하며 우연이라는 요소가 개입되는 영역이고 육체적 긴장과 고통이 수반되는 상황이라는 점을 강조하였다. 그리고 이러한 전장에서 지휘관은 전장을 꿰뚫어볼 수 있는 능력이 필요한데 그것이 바로 통찰력, 즉 '꾸데이coup d'oeil'라는 점을 제시하고 있다.

　이 통찰력은 전쟁에 '마찰'을 일으키는 여러 요인을 극복하는 능력으로, 통찰력을 개발하기 위해서는 용기, 날카로운 지성, 풍부한 경험, 체력과 정신력이 필수적이라고 하였다. 즉, 용기(결단력)와 지성(통찰력), 냉철함과 군건한 의지가 필요하다고 하였다.

　컬럼비아 대학의 경영학 교수인 윌리엄 더건William Dugan은 2007년에 그의 책 『제7의 감각Strategic Intuition: The creative spark on human achievement』에서 다음과 같이 설명하고 있다. "군사적 통찰은 불확실하고 우연이 지배하는 전장에서 지휘관이 기존의 역사적 사례와 군사지식, 예기치 못한 것을 예상하고 적절한 사례를 활용할지를 판단할 수 있는 냉철함, 올바른 사례를 선택하고 결합하는 통찰력, 불확실한 장애물이 있음에도 앞으로 나아가는 결단력과 용기들의 결합으로 이루어진다"고 설명하고 있다. 이러한 요소들은 전장 지휘관이 전장을 효과적으로 지배하는 능력에 수반되는 핵심적 요소들인 것이다.

그런데 이러한 통찰력이 발휘되는 순간은 분석의 과정을 통해 나오는 것이 아니다. 직관적으로 나오는 현상이다. 직관은 사전적으로는 '판단, 추리 등의 사유 작용을 거치지 않고 대상을 직접적으로 파악하는 작용'이라고 한다.

직관은 찰나의 순간에 얻어지고 그 과정을 설명할 수 없다는 특징을 갖는다. 또한 동시에 그렇게 얻게 된 지식이 너무나 분명하고 확실하여 이의를 제기할 수 없는 것처럼 보인다는 특성이 있다. 아무 근거도 없고 이유도 설명할 수 없지만 그럴 것이라는 확신이 드는 지식, 바로 그것이 직관이 제공하는 앎이다.

이렇게 형성된 사고과정은 정확한 분석을 하지 않았음에도 옳다는 확신이 갑자기 확 드는 것이다. 그런데 그것이 옳다고 할만한 근거가 없음에도 마음속 깊은 곳에서는 옳다고 뜨겁게 느껴지는 것이다. 그리고 그것은 나만이 느끼는 것이다. 나만이 느끼기에 다른 사람들로부터 인정받지 못할 수도 있다. 그러나 나만의 확신 때문에 용기 있게 앞으로 나아가는 것이다. 그래서 통찰, 직관, 그리고 용기는 함께 어우러져야 하는 것이다.

앞서 주식투자의 핵심은 타이밍이라고 했다. 그러나 그 타이밍은 분석만으로 되는 것이 아니라 직감이 뒷받침되어야 한다. 매수 시점을 용기 있게 선택하고, 또 직감적으로 매도 시점을 파악하고 머뭇거리지 않고 용기 있게 행동할 때 수익이 따라온다.

최근의 시장은 워낙 변동성이 심해서 한치 앞을 내다보기 어렵다. 이럴 때일수록 직감이 더 중요해진다. 직감을 통해 최근 유명해진 사람이 바로 소로스이다. 그는 한때 환 투기꾼으로 여겨져 미국을 제외한 각국 정부와 시장에서는 기피인물이었다. 그가 한 행위의 옳고 그름을 차치하고라도 그는 직감을 철저히 투자에 활용한 사람이다.

그가 개발한 투자 이론인 '재귀성이론'은 금융시장이 완벽하게 효율적이거나 이성적인 것이 아니라는 가정에 기초한다. 왜냐하면 금융시장은 투자자들의 비이성적 편견과 감정을 반영한 것이며, 이들의 상호작용이 금융시장의 투자패턴을 형성하기 때문이다. 그래서 그는 분석보다는 직관을 적용했다. 그의 퀀텀펀드는 이를 통해 금융 불황기와 하락장에서도 막대한 수익을 올렸다.

반면 캐나다의 경제학자로 1997년 노벨 경제학상을 수상한 마이런 숄츠와 미국 하버드대학 교수인 로버트 머튼은 '퀀츠'라고 하는 수리모델에 기초한 옵션 투자 프로그램을 개발했다. 이들은 직감보다는 정확한 계산에 기초해 개발했다. 이를 통해 그들은 롱텀캐피탈매니지먼트사를 설립하여 막대한 수익을 내며 급성장했으나 1998년 러시아 금융위기사태 후 파산하여 구제금융으로 회생했다.

금융투자는 시장에 대한 치밀한 분석을 통해야 하는 것이지만, 투자에 이르는 행동은 직감을 얼마나 용기 있게 활용하는가에 달려 있다는 좋은 사례라고 볼 수 있다.

가슴이 뛰어야 용기가 생긴다

전략가 클라우제비츠가 언급한 용기는 어디서 나오는가? 그것은 내가 하는 일과 가치관이 옳다는 믿음에서 나온다. 그러나 보통 사람들에게 이 용기는 두려움에 지배되기 십상이다. 모두가 이것이라고 할 때 저것이라고 할 수 있는 용기, 앞을 볼 수 없을 때 멀리 보이는 희미한 불빛을 쫓아 앞으로 나아가는 용기는 철인들만의 영역으로 보인다.

현대의 군사적 천재 콜린 파월은 그의 성공 공식을 다음과 같이 표현한다.

> 나는 공식 p=40~70을 자주 사용한다. 여기서 p는 성공할 가능성을 나타내며 숫자는 요구된 정보의 정확도를 나타내는 퍼센트이다. 정보가 정확할 가능성과 정보의 수집량이 40~70%이면 일을 직감적으로 추진한다. 맞을 기회가 40% 이하일 경우에는 행동을 취하지 않지만 100% 확실한 정보를 갖게 될 때까지 기다리면 행동하기에는 너무 늦기 때문이다.

부족한 정보, 확실하지 않은 상황에서 40~70%의 확률만 가지고 행동하기 위해서는 대단한 용기가 필요하고 군사적 천재들이 갖는 특징이다. 그러나 최근의 뇌 과학자들의 연구를 통해 우리 보통 사람들도 군사적 천재의 용기를 가질 수 있다고 한다.

그 희망은 바로 뇌 작용에 기인한다. 통상 사람들은 자신이 옳다는 믿음을 경험과 지식의 축적과정을 통해 감정과 정서에 강하게 각인함으로써 형성시킨다고 한다. 그리고 믿음에 따라 행동하면 왠지 모를 행복감이 밀려오고 그렇지 못했을 경우에는 실망과 좌절, 분노가 작동한다고 한다. 물론 이러한 과정은 분석의 과정을 거치지 않고 직감적으로 찾아오는 것이다. 우리는 흔히 의지를 냉철한 이성에 바탕을 둔 것이라 생각하지만 의지는 감정이 뒷받침될 때 더욱 강력해진다.

용기 역시 같은 영역이다. 평소에 도덕적 용기, 의지 등을 신념화하는 것은 감정에 내재화하는 과정을 말하며 이렇게 축적된 것은 유사시에 용기라는 강력한 힘으로 발현시킬 수 있단다.

그런데 그 모든 것의 근원은 나에 대한 믿음에서 시작된다. 나에 대한 믿음이 없다면 갑작스럽게 튀어나오는 생각, 아이디어, 그리고 심지어는 하늘의 계시까지 믿을 수 없는 것이 된다. '설마 하나님께서 나 같은 평범한 자에게 이런 위대한 계시를 주셨을까? 아마 아닐 거야'라던가…. 우연히 마주하게 된 해답의 열쇠를 망설임 속에 놓치는 경우가 허다하지 않았던가? 나에게 주어지는 해답 역시 나에 대한 신뢰가 있어야 작동된다.

불신은 부정적 사고로 이어진다. 부정적 사고는 열정을 감소시킨다. 온 힘을 다해 노력을 기울여도 성공할까 말까 한데 부정적 사고는 열심히 하고자 하는 열망을 죽인다. 열정의 감소는 용기의 부족을 초래한다.

성공 확률이 낮아도 긍정적 사고로 강력한 추진력을 통해 노력해서 성공하는 경우가 많은데 부정적 사고로 생겨나는 두려움 때문에 용기가 발휘되지 않는다. 일을 시작하기도 전에 주저하게 되며 패

조현상 〈한국경제 메티컬포커스〉, 2011.3.16일자

〈도덕과 감정〉

최근까지 이성이 지배하고 있었던 인간의 판단 영역들이 실제로는 감정이 모종의 역할을 한 데 따른 것이라고 밝혀지고 있다. 대표적인 게 도덕적 판단이다. 그동안 도덕=이성이라는 게 통념이었다.

그러나 2001년 심리학자 조슈아 그린은 실험을 통해 도덕적 딜레마 상황에서 이성보다는 직관적인 감정이 도덕적 행동에 더 큰 영향을 미친다는 연구결과를 발표했다. 뇌 활성 연구에서도 정당성 판단이나 의사결정과정에서 감정이 핵심적으로 영향을 미친다는 결과가 나오고 있다. 이성이 감정을 억누르는 것이 아니라 이성이 모르는 곳에서 감정이 우리를 조정하고 있었던 것이다. 중요한 결정을 내릴 때 판단이 잘 서지 않으면 자신의 감정과 직관을 따라가 볼 필요가 있다. 물론 충분한 경험과 이성의 힘을 통해 내 감정이 어디에서 왔으며 어느 정도로 나의 활동을 지배하고 있는지 따져봐야 한다.

배의식이 싹튼다. 내 인생에 대한 자신감, 나라는 사람의 가치에 대한 무한한 신뢰를 보내자. 그럴 때 우리는 용기 있는 돈키호테가 되며 진정으로 강해질 수 있다. 그리고 나만의 상품으로 성공이라는 목표를 달성할 수 있다.

그러나 성공은 능력이 뒷받침되어야 한다. 물론 이 능력을 축적하는 여정은 고통스럽기 그지없다. 더욱이 이른바 능력자들은 이 고통스러운 과정에서 우리보다 우위에 있다. 머리가 뛰어나면 고통스러운 과정을 밟지 않아도 되고, 지독한 사람들은 고통을 충분히 감내할 힘이 있으며, 재빠른 사람들은 고통을 피해가는 방법에 익숙하기 때문이다.

우리는 뛰어나지도 못하고 지독하지도 못하며 더구나 재빠르지도 못하다. 그렇지만 이런 우리가 그들에게 도전할 수 있는 강력한 무기가 있으니, 바로 열정과 몰입이다. 그것은 열광하는 것이며 다른 말로 '미치는 것'이다.

미칠 때 우리는 지속적으로 자신을 연마할 수 있는 에너지를 얻는다. 잘 알다시피 여기서 미친다는 것은 특정 대상에 대해 좋아하는 감정, 재미있는 감정을 갖는다는 것을 의미한다.

우리 보통 사람들은 어떤 대상에 대해 좋아하고 재미를 느끼면 미칠 수 있다. 아름다운 여성에게는 사랑의 열정이 생기고 미칠 수 있다. 사랑의 감정이 없으면 미치지 않는다. 좋아하지 않는 일은 왠지 몰입이 안 된다. 재미를 느끼지 못하고 참을성이 없어진다. 그러면 미칠 수 없고 미칠 수 없다면 경지에 이르지 못하는 것이다.

우리 자신을 자세히 들여다보자. 어느 한 가지에 미친 적이 있는지? 한때 어느 한 가지에 꽂혀서 푹 빠져본 적이 있는지? 그리고 그것을 현재까지 지속하고 있는지? 그것은 취미든 일이든 상관이 없다. 어쩌면 아직까지 발견하지 못한 독자들도 있을 것이다. 실망하지 말자. 우리 B-플레이어들은 공부가 취미일 정도로 정신 나간 사람들도 아니다. 우리들은 별반 재미있는 일이 없다. 그렇다고 실망하지 말자. 필자도 그렇고 우리 대부분이 다 그러니까!

재미가 없다는 것은 어떤 일을 할 때 작심삼일로 끝난다는 것을 의미한다. 지독하지 못해서 3일을 못 넘기고, 재미도 없으니 3일이 너무 길다. 사실 재미는 에너지를 만든다. 재미에서 나오는 에너지는 3일을 넘길 수 있는 힘을 주고, 그 힘은 시간이 지속될수록 확대된다. 결코 지치지 않는 에너자이저이다.

작심삼일 극복? 악이나 깡보다는 재미로

우리는 흔히 '참아야 한다. 인내해야 한다.'고 하면서 '악과 깡으로! 피와 땀과 눈물로!'라는 표어를 책상 앞에 써 붙여놓고 머리를 동여매고 시작한다. 장담하건대 이런 경우는 3일을 넘기지 못한다. 이것은 보통 사람인 우리가 절대로 써서는 안 되는 방법이다. 물론 지금까지 우리는 그렇게 해왔다. 그러니 실패할 수밖에….

우리는 '독한 사람들'과는 다르게 해야 한다. 그것이 바로 재미있게 시작하는 것이다. 일단 재미있는 것을 찾아 재미있게 시작할 때 성공이 보인다. 그러면 보통 이상의 에너지가 작동해서 몇 달 아니 몇 년을 지속할 수 있다.

미친 에너지는 보통의 에너지를 이겨내는 힘이 있다. 그 힘은 보통 사람들에게서 나오는 힘보다 훨씬 강한 힘이고, 평소에 나오는 힘보다 몇 배는 강한 힘이다. 그 힘을 이용해야 승부를 걸고 이길 수 있다. 그 힘은 몰입이라는 것이며 재미가 원천이다.

공부도 재미있는 것부터 해야 한다. 수학을 꼭 대수학부터 할 필요는 없다. 기하학이 재미있으면 그것부터 시작한다. 거기서 성취를 이루고 다음 과목으로 넘어가야 한다. 위대한 아이슈타인은 물리학을 공부하기 위해 영어공부를 했다고 한다.

그런데 우리가 공부하는 방법을 보면 대개 재미없는 것부터 시작하고 재미없는 것과 재미있는 것을 함께한다. 공부하기 싫을 때는 재미있던 것도 재미없는 것과 섞이면서 같이 재미없어진다. 그러니 책은 뭐든지 재미없는 것이 된다.

대부분의 성공한 사람들을 보면 일단 한 분야에서 성공한 경우가 많다. 파스칼같이 모든 분야를 잘한 사람도 처음엔 한 분야에서부터 시작했음을 잊지 말아야 한다. 재미의 확대 재생산이 작동하게 해야 한다.

공부가 재미없는 사람들도 자신이 재미있어 하는 분야와 공부를 결부시키면 된다. 사람들과 어울리길 좋아하는 사람들은 더 좋은 사람들과 만나기 위해 공부를 수단으로 삼을 수 있으며, 세상에 좋은 일을 하기 위해서 공부에 전념할 수 있으며, 또 남에게 뻐기기 좋아하고 잘난 체하기 좋아하는 사람도 공부를 열심히 할 수 있다.

공부를 잘해야 폼 난다고 생각하면 말이다.

어떤 일이든 처음에는 하고 싶은 것(목적)과 해야 하는 것(수단)의 경계가 있지만, 긍정적인 상황으로 바뀌면 하고 싶은 것(목적)과 해야 하는 것(수단)의 경계가 허물어지고 시너지가 발생하며 그렇게 될 때 능력은 확대된다.

미쳐야 미친다

분명한 것은 미칠 때 에너지가 생긴다는 것이다. 승부를 거는 순간에도 우리는 미쳐야 한다. 미치지 않으면 미치지 못한다(不狂不及). 미칠 때 보통 사람 이상의 힘이 난다. 그리고 미칠 때 비로소 우리 같은 보통 사람들이 검투사와 맞서 싸울 용기가 생기는 것이다. 그리고 행운의 여신은 용기 있는 자에게 미소를 짓는다. 승부를 걸 때 미치면 불가능을 가능케 한다. 여기서 미치는 것은 확신이다.

이기는 것에 대한 확률이 높아도 확신이 없으면 싸워서는 안 되며 이길 확률은 낮아도 확신으로 성공을 도모할 수 있다. 확신은 신념, 가치관, 경험과 지식, 그리고 감정의 복합적 작동 메커니즘의 결과이다.

물론 싸움을 준비할 때는 치밀한 분석과 노력이 필요하다. 내가 이길 확률이 얼마인가를 치밀하게 계산하고 승리할 수 있는 여건이 형성될 때까지 기다리지만 승부의 순간에는 광기어린 확신과 의지가 승리를 가져온다.

차범근과 같은 20세기 최고의 선수가 그런 열정으로 축구를 했으니 그 누구도 따라갈 수 없는 영웅의 반열에 오른 것이다. 광기! 그 미친 에너지는 그 누구도 범접할 수 없는 힘이다. 우리 모두 '광기'가 작동할 수 있는 분야를 찾고, 그곳에서 맘껏 미쳐보자. 그러면 우리도 영웅이 될 수 있다.

차범근 ⓒ 로그에서 2011.5.25 11:03

〈차범근의 광기〉

내가 분데스리가에서 뛰고 있을 때, 경기를 마치고 운동장을 걸어 나오면서 내 몸에 힘이 남아 있는 것을 느낄 때면 경기 내용에 상관없이 후회스러웠던 기억이 납니다. 매주 토요일이면 남김없이 쏟고 다시 채우는 생활.
마치 자신을 사육하는 것처럼 살았던 생활이 그때는 왜 그렇게 행복했던지요. 아니 그래야만 행복했으니 어쩌면 '미치도록 빠져야 행복한 광기'를 핏 속에 담고 나온 모양입니다. (중략)
미친 듯 운동장을 뛰어다니다가 골을 넣고 흥분하고 그래서 터질듯 뿌듯했던 내 젊은 날의 모습이 겹쳐졌습니다. 그것은 광기입니다. 그게 없이는 상대방의 혼을 빼낼 수가 없습니다. 그러나 그건 기술이나 재능으로만 되는 게 아닙니다. 노력한다고 되는 것이 아니라는 것도 알았습니다. 그건 핏속에 그걸 담고 나온 사람만이 할 수 있는 짓[!!!!]입니다. 불행이면서 축복입니다.

가장 중요한 것은 자신의 마음과
직관을 따르는 용기를 가지는 것입니다.
우리의 마음과 직관은
우리가 정말로 무엇을 원하는지 알고 있습니다.
나머지 것들은 부차적인 것입니다.

스티브 잡스

✓ 마찰과 안개가 작동하는 불확실한 전쟁터 같은 세상에서 모든 일이 계획대로 될 가능성은 거의 없다. 이럴 땐 치밀하게 생각하고 행동하는 것보다 행동하면서 생각하고 수정하고 보완해 가는 것이 성공에 이르는 방법일 수 있다.

✓ 성공에 대한 통찰은 전쟁터 같은 세상에서 올바른 사례를 선택하고 결합하는 능력, 불확실한 장애물이 있음에도 앞으로 나아가는 결단력과 용기에서 발생한다.

✓ 자신에 대한 믿음이 없다면 갑작스런 생각, 아이디어, 그리고 심지어는 하늘의 계시까지 믿을 수 없는 것이 된다. 나에게 주어지는 해답 역시 나에 대한 신뢰가 있어야 작동된다.

✓ 우리 보통 사람들은 어떤 대상에 대해 좋아하고 재미를 느끼면 힘을 얻을 수 있다. 재미를 느끼지 못하면 참을성이 없어지고, 그러면 미칠 수 없고 미칠 수 없다면 경지에 이르지 못한다.

✓ 어떤 일이든 처음에는 하고 싶은 것(목적)과 해야 하는 것(수단)의 경계가 있지만, 재미있어지면 하고 싶은 것과 해야 하는 것의 경계가 허물어지고 시너지가 발생하며 그렇게 될 때 능력은 확대된다.

🔸 나는 심사숙고형인가? 행동형인가?

🔸 어떤 일을 하면서 밤을 지새본 적이 있습니까?(도박이나 게임 같은 것은 제외)

🔸 그렇게 미칠 만한 것이 있다면 그것으로 인생의 승부를 걸어보십시오.

🔸 어떤 일을 결심할 때 가슴 한 구석에서 뜨거운 느낌을 받은 적이 있습니까? 결과는 어떠했나요?(그 과정을 잘 생각해보면 바로 그것이 분석이 잘 안 되는 상황에 처한 당신의 판단 메커니즘입니다.)

3

전략의 종합

인물을 통해 본 7가지 성공전략

김승남(조은시스템 회장)

제3부는 제2부에서 제시한 7가지 전략을 특정 인물을 통해 확인해보는 내용이다. 3부에서 인용된 인물은 김승남 회장이다. 필자는 김승남 회장과는 일면식도 없고 그저 이 책을 쓰는 과정에서 참고한

〈매경이코노미스트〉 제1608호(2011.6.1)의 기사를 통해 알게 되었다.

여기 실린 김 회장의 성공기는 주간지에 실린 내용을 인용했다. 필자의 편의대로 기사를 편집한 것이 아니라 기사 원문을 통째로

3장_전략의 종합 235

실었다.

그 이유는 이 기사를 통해 필자가 제시한 보통 사람들의 7가지 성공전략을 분석해보고 싶었기 때문이다. 물론 이 기사를 쓴 기자와도 전혀 모르는 사이다. 그렇지만 이 글을 쓴 기자는 필자의 7가지 성공전략에 대하여 같은 생각을 한 것 같다.

기자가 쓴 바에 의하면 김승남 회장은 우리와 같이 보통 사람, 즉 B-플레이어였던 지극히 평범했던 사람이다. 그리고 필자의 방식대로 성공한 대표적 인물이다.

물론 더 많이 알려진 사람을 모델로 삼을 수도 있지만 너무 유명한 사람은 우리와는 거리가 있어 보여 남의 일 같고, 그렇다고 이제 막 떠오르는 사람은 앞으로의 일을 알 수 없어서 김 회장을 택했다.

그분의 성공기를 보면 우리도 할 수 있다는 자신감이 든다. 이제 그의 성공기를 분석의 눈으로 들여다보자.

그는 1941년생으로 칠순이다. 김승남 회장이 주목받는 이유는 50대 중반인 1993년에 조은시스템을 창업, 연매출 1,800억 원대 매출을 올리는 회사로 키워냈다. 더불어 1990년대 중반 그가 세운 잡코리아는 2006년 약 1,000억 원대에 매각됐다.

당시 주요 주주였던 김 회장은 160여억 원대 차익을 얻어 화제가 되기도 했다. 또한 그는 지난해 장애인으로만 구성된 자회사 조은프로소싱을 출범시켰다. 올해는 개인정보 보안사업, 서류파쇄사업 등 신사업에도 진출하기 위해 눈코 뜰 새 없이 바쁘게 산다.

김승남 회장은 직업군인 출신이다. 간부후보생으로 입대해 21년

간 육군에서 대대, 연대, 사단 참모[군에서 지키는 것에 전문지식을 쌓았음-전략 3] 등을 지냈다. 그러다 61사단 179연대장(중령)을 끝으로 전역했다. 군 시절 베트남전에 참전해 무공훈장을 받는 등 혁혁한 전공을 세웠다[조직에서 내공을 쌓았다.-전략 3]. 하지만 그 시절 불운하게도 '난청'을 얻었다. 20여 년을 군에 몸 바쳤던 데다가 가볍다고는 하지만 장애를 지닌 그가 전역 후 사회에 적응하기는 쉽지 않았을 터. 엎친 데 덮친 격으로 건설업을 하던 친구에게 보증을 잘못 서 거리에 나앉게 됐다[남을 잘 믿는 성격은 위험한 것이지만 후에 이 성격으로 성공한다.-전략 1].

"청천벽력 같은 소식이었어요. 말이 안 나왔지요. 전 재산은 27만 원이 전부였어요. 살던 집에서 나와 청주 교외 농촌 폐가에 주인 허락[사람 성격이 좋으니 허락했을 듯-전략 1]을 얻어 들어가 살았지요. 식구 다섯 명이 방은 두 개, 화장실은 따로 있는 곳에서 월 2만 원을 내고 생활했습니다."

당시 그는 '살길'을 찾아 이곳저곳[허황된 것보다는 현실에서 시작-전략 6]을 돌아다녔다. 지인의 도움[원군의 도움을 받음-전략 4]으로 충북은행 안전관리실장[할 수 있는 것, 가장 자신 있는 것부터 시작 (보안안전업무)-전략 6]으로 들어갔다. "군대 있을 때 '비육사[불평등도 나를 위한 것-전략 1]' 출신이었고 전역한 후 은행에서도 철저히 '비주류(철저히 B-플레이어였다)'였어요."

이를 악물고 일했다(처지를 불평하지 않고 노력함). 비은행원 출신이란 약점[줄병 승리의 키, 차별화전략의 구사-전략 2]에도 법인 영업에서 발군의 실력을 보였다[조직에 공헌하며 나를 발전시킨다.-전략 3]. '이미 주거래은행이 있으니 돌아가라'는 말을 듣더라도 두 번, 세 번이고 찾아가 기어이 예금을 유치한[그만의 위너 DNA, 끈기로 승부-전략 1] 덕분이다. 당시 금액으로 약 200억 원어치로 전체 영업실적 1위[자신에게 유리한 방식으로 승부를 걸었음-전략 2]를 차지하기도 했다.

당연히 인사고과도 좋았다. 연말 인사에서 임원으로 승진하기로 돼 있었다. 하지만 은행 노조에서 '군바리는 물러가라'며 대자보를 붙이는 등 내부 저항이 심했다[능력이 있어도 원군 없이는 불가능함-전략 4]. 그는 과감히 부장직에 남는다[돌아가는 것이 빨리 가는 것이다-전략 5]. 그러던 중 충북은행 자회사인 충북생명이 출범하면서 임원 스카우트 제안[보통 사람의 인맥, 근무연-전략 4]이 들어왔다. 이직은 승낙했지만 직위는 고사했다[조심스러운 가지 뻗기 전략의 구사-전략 6].

"보험의 '보' 자도 모르는 사람이 임원으로 가면 부하직원들이 얼마나 불편해하겠습니까? 저 스스로도 보험을 좀 알고 이게 내게 맞는지 확인해볼 시간이 필요했어요." 전표 쓰는 법부터 새로 배웠다[조직의 보호 아래 내공을 쌓는다-전략 3]. 어느 정도 일이 손에 익자 다시금 그의 진가가 드러나기 시작했다.

법인 영업 부문에서 두각을 나타내자 이번에는 BYC생명에서 스카우트 제의가 들어왔다. 이때 비로소 이사직을 달게 된다[조심스러운 가지 뻗기 전략의 구사-전략 6]. 이후 상무로 재직하는 동안 다시 회사에서 최고 실적을 올려 성과급을 가장 많이 받는 임원이 됐다.

집안 형편도 풀렸다. 김 회장이 일하면서 충북 교외의 폐가 생활은 3년 6개월 만에 갈무리된다. 빚도 다 갚고 BYC생명 상무를 끝으로 회사생활을 정리할 당시 $148.5m^2$(45평) 아파트에 2,000만 원을 예금해놓을 정도가 됐다.

여기까지는 평범한 샐러리맨의 시련 탈출기 정도로 읽힌다. 더욱 눈길을 끄는 건 직장을 그만둔 후의 행보다. 일단 1,000만 원은 교회에 헌금한다. 그리고 나머지 1,000만 원은 조은시스템이라는 회사를 창업하는 데 쓴다.

그는 컴퓨터에 유달리 관심이 많았다. 은행원 시절 46세 나이에 중학생이나 다니던 컴퓨터학원에 등록해 배울 정도[조직의 보호 아래 내공을 충실히 쌓았음-전략 3]였다. '지금 당장은 아니더라도 세상은 컴퓨터를 모르면 못 사는 시대가 될 것'이란 생각[햄릿보다는 돈키호테처럼-전략 7]에서였다. 만학 끝에 컴퓨터 프로그래밍 언어를 다 외우고 프로그램을 짜는 수준으로 실력을 끌어 올렸다[미쳐야 미친다-전략 7].

한국IBM에서 세계 최초로 286 노트북이 출시됐다는 소식에 제일 먼저 서울에 있는 매장까지 달려가 280만 원을 주고 사기도 했다. 당시 그의 월급은 82만 원이었다. 컴퓨터에 대한 그의 열정[미쳐야 미친다-전략 7]을 엿볼 수 있는 대목이다.

그러던 중 은행에서 경비원이 2명 있었는데도 서류를 도난당하는 사건이 발생했다. 이때 그는 미국에 IT와 연동한 보안시스템이 있다는 걸 알게 됐다. 꼭 사람이 없더라도 보안이 가능하다는 생각에 흥분했다[가슴이 뛰어야 용기가 생긴다-전략 7]. 보험사 임원직을 그만두고 창업을 하자고 결심[승부의 순간에 행동하는 지혜를 발휘-전략 7]했을 때 첫 아이템이 바로 'IT를 활용한 보안시스템[대박의 파랑새는 가까이에 있었다-전략 6]'이었다.

"창업도 제가 먼저 하겠다고 나선 건 아니에요. 예전에 군대 있을 때 부하가 찾아와 '뭐 도와줄 거 없느냐?'[군 시절 부하에게 잘함으로써 원군을 만들었음-전략 4]고 묻는 거예요. 난 도움 받을 거 없다고 했는데 그래도 하나를 말하라 하기에 회사를 차리는 거라고 말했어요. 그길로 그 친구가 사업자 허가를 받아왔어요. 그러고 1년이 다 돼 가는데 정부에서 창업하지 않으면 허가를 취소하겠다는 거예요. 그래서 창업을 하게 된 겁니다."

조은시스템은 이렇게 출범했다[능력에 기반을 둔 조심스러운 가지 뻗기, 컴퓨터 능력+은행시절 도난 경험-전략 6]. 당시 보안산업은 경비원을 고용하는 수준. 상황실에서 CCTV를 연동해 감시하는 사업 모델은 획기적(주도권은 선점하는 것이다)이었다. 일반 가정보다 특히 대형 사업장, 공공기관 등에서 관심을 많이 가졌다. 특히 인천국제공항공사, 주한미군 등 굵직한 기관들이 조은시스템을 이용하는 것도 이런 이유에서다. 잡코리아 창업도 우연한 계기에서 나왔다.

"당시 칼스텍이란 이름으로 창업했습니다. 조은시스템이 커지기 시작하자 이제 좋은 사람들을 뽑아야 하는데 신문 광고가 전부였어요. 다른 방법이 없을까 싶었는데 마침 인터넷이 보였어요[행동하는 지혜, 햄릿보다는 돈키호테처럼-전략 7]. 인터넷으로 구인구직을 하면 되겠다 싶어서 1996년에 창업[새로운 사업에서 주도권을 잡음-전략 5]했는데 결과적으로 대박이 난 거죠."

잡코리아는 2006년 미국 리크루팅 기업인 몬스터닷컴 모회사 몬스터월드와이드에 약 1,000억 원에 팔렸다. 김 회장은 당시 주요 주주로 약 160여억 원의 매각대금을 받았다. 김 회장은 잡코리아 창업 당시 직원 4명에게 지분의 절반을 줬는데 이들도 수십억 원대 매각대금을 받는 소위 '잭팟'을 터뜨렸다. 김 회장은 "성공은 '우리가 함께 이루고 결실을 나누는 데 있다'는 평범함 진리를 실천한 것일 뿐"이라고 말했다.

김승남 회장에게는 팬이 많다. 기자가 회사를 찾은 5월 18일에는 서울대생들로 구성된 N CEO 클럽 학생들이 김 회장을 찾아 즉석 강연을 들었다. 그가 학생들에게 말하는 내용들에서 차기 행보를 가늠할 수 있다.

"지금까지 저는 4번 미쳤어요[미쳐야 미친다-전략 7]. 처음에는 바둑에 미쳐서 아마 4단입니다. 두 번째는 컴퓨터에 미쳤어요. 다음으로 인터넷에 미쳤어요. 인터넷을 활용한 사업거리를 찾느라 밤샘을 수백 차례 하기도 했는데, 그래서 만든 게 잡코리아 등이었지요. 최근에는 외국어에 미쳤어요. 전 한 번도 미국, 영국에 가본 적 없지만 독학으로 영어를 배웠어요. 중국어도 매일 귀에 이어폰 꽂고 공부해서 지금은 불편 없이 합니다.

앞으로 10년 후엔 엔터테인먼트(오페라, 뮤지컬, 연극, 영화) 사업에 미칠 겁니다. 우리 사회를 밝게 변화시키는 소재, 감동을 줄 수 있는 뮤지컬 등을 만들어 다른 사람들을 밝게 변화시키는(무엇이 될 것인가보다는 어떻게 살 것인가에 초점을 맞춤) 엔터테인먼트 콘텐츠를 만들어보고 싶어요. 20년 후는요? 고고학, 인류학에 미칠 겁니다."

김승남 회장의 성공기에서 우리는 7가지 전략을 충실하게 실천함으로써 우리 같은 보통 사람이 성공에 이른 것을 확인하였다. 김승남 회장뿐만 아니라 이 책 곳곳에서 거론된 분들 역시 7가지 전략을 실천하여 성공한 분들이다.

그분들은 김규환 명장, 현 재향군인회장 박세환 장군, 콜린 파월 전 미국 국무장관, 마사 스튜어트, 평범한 직장인으로 노벨 화학상 수상자인 다나카 고이치, 자전거 수리점을 운영하면서 비행기를 개발한 라이트 형제, 김연아의 엄마이자 올댓 스포츠 기획사 대표인 박미희 씨, 개그맨 김병만 씨, 그리고 애플의 스티브 잡스 등이다.

그들은 처음엔 평범했지만 B-player 성공전략들을 의도적이든 무의식적이든 철저히 활용하여 지금의 성취를 이루어 이제는 그 분야 최고의 능력자 반열에 오른 사람들이다.

그들은 우리 같은 보통 사람들이 살기에는 불공평하고 버거운 세상에서 누구나 현명하게만 노력한다면 성공할 수 있다는 가능성을 보여준 우리의 롤 모델이며 희망이다.

우리도 성공할 수 있다! 개천이 있고 없고가 중요하지 않다. 세상만 탓하면서 불평하지 말자. 절대 용꿈을 포기하지 말자. 꾸준히 그리고 즐겁게 이 7가지 전략을 실천하면서 용꿈을 실현시켜보자. 그럴 때 개천에서도 수많은 용들이 나오는 그 아름답고 행복한 세상이 되지 않겠는가? 다시한번 기억하자. 성공의 7가지 전략들을….

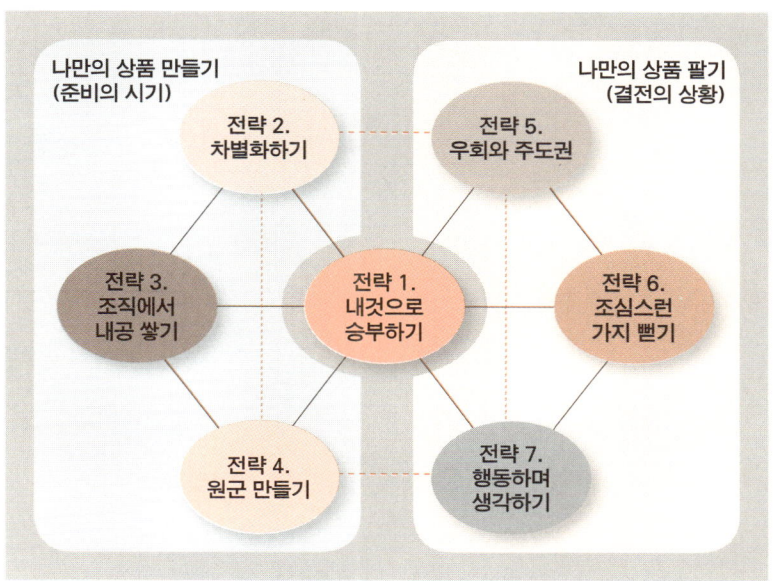

〈B-플레이어의 7가지 성공전략〉

🔴 당신의 주변에 보통 사람으로서 성공한 사람이 있습니까?

🔴 그 사람의 성공기를 한번 정리해봅시다. 여기 제시된 7가지 전략과 비교해봅시다.

나가면서

세상엔 참로 다양한 삶이 존재한다. 태어나 평생 동안 자기 동네를 벗어나지 않고 생을 마감하는 사람들이 있는 반면, 역마살이 심해 전 세계를 동네 마실 다니듯 하는 사람들도 있다. 또 어떤 사람들은 세상에 큰 족적을 남기는 사람도 있고, 어떤 이들은 왔다 갔는지도 모르는 삶을 산 사람들도 있다. 그러나 모두 이 생애 동안 각자에게 주어진 환경에서 그들의 임무와 목표 그리고 역할을 충실히 수행했을 것이라 여겨진다. 어떤 삶이 성공한 삶인가에 대한 논의는 기실 인간의 삶과 존재 목적이라는 철학적 측면에서부터 따져 봐야 하는 것이 선행되어야 할 게다.

그러나 그런 논의가 보통 사람들의 삶에 무슨 도움이 될 것인가? 그들은 그럴 시간에 한 푼이라도 더 벌어야 하고, 치열한 경쟁사회에서 어떻게 하면 살아남을 수 있을까 고민하는 것이 더 의미 있는 것이라 생각할 게다. 왜냐하면 정말 그럴 여유가 없으니까 말이다.

그래서 많은 사람이 성공에 대해 고민한다. 그럼에도 누구나 성공할 수 없는 게 현실이다. 말하기 좋아하는 사람들과 이미 성공이라는 영예를 얻은 사람들은 그들 나름대로 논리와 경험을 토대로 성공의 방식을 제시하지만 그것이 모두에게 통하는 것도 아니다.

이에 필자는 안타까운 심정으로 우리 모두가 우리의 상황에 적합한 성공 방식이 있음을 이 책을 통해 제시하고자 하였다. 세상은 무작정 노력한다고 성공이 보장되는 곳이 아닌 반면, 저마다 가진 고유한 자산과 자기만의 방식으로 무장하고 그 역량을 계발한다면 우리의 세상은 누구나 성공할 수 있을 만큼 한없이 넓은 가능성의 세계라고 말하고도 싶었다.

그러나 자칫 독자들이 이 글들을 곡해하지 않을까 적이 염려된다. 열심히 노력해야 한다는 것은 만고의 진리이다. 이것을 부정하려고 하는 것은 필자의 의도가 아니다. 노력 없이는 성공이 없다는 것을 모르는 바도 아니다.

불굴의 의지 그것만으로도 불가능한 상황에서 승리를 가능케 하는 전쟁사의 많은 사례를 몰라서 그러는 것도 아니다. 인생사 역시 누구나 저마다 성공을 위해서는 부단한 노력과 의지가 필요함은 만고의 진리이다.

다만 필자가 이 책에서 제시하는 것들은 보다 현명하게 노력하고자 하는 사람들을 위한 것들이었다. 그리고 노력했지만 실패하고 좌절하는 사람들을 위해 쓴 희망의 책이고, 성공하고픈 모든 보통 사람들의 입장에서 쓴 글이다.

특히, 인생의 여정에서 쓴맛을 본 사람들, 좌절을 경험한 사람들, 그리고 때론 죽고 싶었던…. 그러나 달리 돌파구가 없었던 사람들을 위한 글이다. 실패와 좌절의 값진 경험들을 무의미하게 던져버리지 않길 바란다. 고통스러운 시기, 그래서 정말 죽고 싶은 시기도 시간이 지나면 어느덧 상처는 아물어 있다. 참아내야 한다. 그러면 밝은 내일을 맞을 수 있다. 들은 이야기지만 아프리카 어느 마을에는 주민들이 강을 건너는데 돌을 짊어지고 건넌다고 한다. 그들이 그러는 이유는 빠른 물살에 휩쓸리지 않기 위함이란다. 우리의 삶에도 더 넘어지지 않도록 우리에게 지금의 짐이 지워졌다고 생각하자. 더 잘못되지 않게 하려는 하늘의 깊은 뜻이라 생각하면 어떨까?

 숱한 좌절을 겪은 사람들, 인생의 새로운 출발에서 좌절하는 사람들, 그리고 직장에서 성공하고픈 모든 평범한 사람을 위해 글을 시작했다. 이 글은 또한 아이의 학교 성적이 보통이어서 속을 썩고 있는 부모들, 최고의 전문가 그룹에 속했지만 더 최고가 되고 싶은 사람들, 치열한 경쟁 상황에서 진퇴양난에 처한 모든 조직의 책임자들에게도 이 책에서 주장하는 논리는 설득력을 가질 수 있을 것이다.

 필자가 이 책에서 제시한 다양한 인물들에 대해서 설명할 필요가 있다고 본다. 왜냐하면 익히 알려진 분들도 있지만 그렇지 않은 사람들도 있고, 또 그분들이 이 사례에 적절한지에 대한 의문도 들 것이다. 무슨 근거로 인물들을 선정했을까? 분명히 말하고 싶은 것은 여기 언급되신 분들은 모두 훌륭한 분들이다. 그들은 처음엔 평범한 보통 사람들이었다. 그중에는 우리보다 더 갖지 못한 분들도 있다. 그럼에도 그들은 한 분야에서의 성취를 이루었고 또 그러한 과정을 우리보다 먼저 지나갔던 분들이다.

무엇보다도 그분들은 필자가 제시한 전략에 맞게 성공을 거두신 분들이다. 물론 그들이 의도했건 그러지 않건 간에 그들은 필자가 제시한 전략들을 훌륭히 활용했다.

더 훌륭한 분들이 우리 주변에 있지만 지면상, 그리고 본인의 정보 범위에 들지 못했기 때문에 제시하지 못함을 너그럽게 이해해주기 바란다. 독자들의 주변에는 이분들보다 더 좋은 예를 충분히 찾을 수 있을 것이다.

필자는 의도적으로 최고의 능력자라고 하는 분들은 제외하였다. 탁월한 능력을 가지신 분, 지독한 노력으로 보통 사람들이 고개를 절레절레 흔들만한 분들은 제외했다. 보통 사람 같아야 우리도 희망을 갖고 성공이라는 목표에 도전해보지 않겠는가? 능력자들을 보면 멋있고 부럽긴 하지만 우리하곤 다른 사람들이라 성공이라는 희망의 싹을 조기에 꺾게 하는 역 작용도 있기 때문이다.

성공을 위해서는 명확한 비전과 구체적이고도 치밀한 계획 그리고 쉼 없는 노력이 필수적이란 걸 부정하는 것이 아니다. 그렇지만 이러한 방식을 그대로 실천할 수 있는 사람들은 많지 않다. 우리 B-플레이어들은 그렇게 독하지 못한 것 같다. 그리고 또 한편으로는 열심히 노력하고도 성공하지 못하는 사람들도 많다.

우리는 때로 열심히 노력하지만 성공하지 못하는 것에 대해 환경을 탓하고, 갖지 못한 것에 대해 분노하며, 고민하고 또 좌절한다. 그것이 우리 보통 사람들의 모습이 아닌가?

그래서 필자는 나와 같은 이들을 위해 "우리도 할 수 있습니다!"라고 외치는 〈개그콘서트〉의 말라깽이 헬스트레이너이고 싶은 것이다. 그렇다고 이 책에서 제시된 내용까지 개그 수준으로 보지 않길 바란다.

필자는 독자들과 같이 성공을 위해 조금씩 노력하는 사람이다. 그래서 성공한 사람들에 대해 분석하고, 우리 같은 평범한 사람들 다시 말해 독하지도 못하고, 머리도 뛰어나지 않으며, 그렇다고 약삭빠르지도 않은 사람들이 어떻게 하면 이 험난하고 치열한 세상에서 성공하는가를 연구하는 사람이다.

지금까지 결론은 강자들과 싸울 때는 그들의 방식, 그들에게 유리한 장소를 되도록이면 피하라는 것이다. 그리고 내가 잘하는 것, 나만의 방식, 내게 유리한 지형에서 싸워야 한다는 것이다.

그리고 그들과 싸우는 무기는 바로 나만의 고유한 스펙으로 맞서야 승산이 있다는 말이다. 괜한 고민하지 말고 먼저 행동하고, 그러면서 주도권을 갖고 승리의 기회를 보는 것이 현명한 방법이라는 것이다.

절대 혼자 싸우지 말며, 조심스러운 발전을 도모할 때 성공은 우리 곁에 다가와 있다는 것이 이 책을 통해 필자가 독자들께 말하고자 하는 핵심이다.

그리고 그러한 성취와 노력은 무엇보다 자기 자신을 사랑하는 것에서 시작한다. 세상에 나만한 사람이 없으며 세상에서 내가 최고이다. 남의 시각과 기준으로 비교하면 내가 최고일 수 없으며 그러면 결코 남들을 이길 수 없다. 나의 시각, 나의 기준으로 세상을 보고 그것으로 승부할 때 승리는 우리의 것이 된다. 그럴 때 내가 최고이다. 그러니 나의 가치를 인정하고 나를 사랑하고 나에 대해 행복감을 느껴야 한다.

그렇게 되면 우리도 언젠가 "나도 어떻게 하다 보니 하루아침에 성공했다"라는 얄미운 소리를 하게 될 기쁜 날이 올 것이다.

전략으로 필자가 제시한 7가지 비법을 활용하면 부지불식(不知不識)간에 내가 하는 일이 재미있어지고 주도권을 가지게 되며 그 일에 지독하게 매달릴 열정도 생기고, 어려운 문제를 해결할 수 있는 통찰과 지혜도 얻게 될 것이다. 그 순간이 바로 우리가 B-플레이어에서 성공의 A-플레이어로 등극하는 순간이다.

나는 소우주이며 그런 존재는 전 우주에 나 하나뿐이다. 그러니 우리 모두는 위대하다. 우리 모두가 미래의 승자로서 자신감을 갖고 오늘을 살아가자.

참고자료

국내도서

1. 김규환, 『어머니 저는 해냈어요』, 김영사, 2009.
2. 김기동·부무길, 『손자의 병법과 사상 연구』, 설암사, 1997.
3. 김민영, 『승리의 법칙』, 비즈니스맵, 2010.
4. 김병만, 『꿈이 있는 거북이는 지치지 않습니다』, 실크로드, 2011.
5. 김성남, 『전쟁으로 보는 삼국지』, 수막새, 2009.
6. 박남규, 『전략적 사고, 왕대리를 구하라』, 트라일러 앤 컴퍼니, 2007.
7. 박성혁, 『나비의 꿈』, 샘앤파커스, 2009.
8. 박세환, 『앞장서 걷는 사람이 길을 만든다』, 진흥, 2010.
9. 서상원 편저, 『싸움의 기술』, 스타북스, 2010.
10. 이동현, 『경영의 교양을 읽는다, 현대 편』, 더난출판, 2006.
11. 이병주, "시대를 즐겨라 100년 전 라이트 형제처럼", 『조선비즈』, 2011.5.27.
12. 정병호·오홍식, 『휴먼 네트워크와 기업경영』, 삼성경제연구소, 2006.
13. 포스코 팀 리더 34인, 『포스코 팀리더 손자병법에 빠지다』, 은행나무, 2011.
14. 한정주, 『한국사 전쟁의 기술』, 다산초당, 2010.

외국도서(동양 번역서)

1. 쌍진롱 지음, 박주은 옮김, 『제갈량의 경영전략』, 다연출판사, 2008.
2. 자오웅 지음, 허유영 옮김, 『삼국지와 게임이론』, 한스미디어, 2009.
3. 오토미 히로야스, 양억관 옮김, 『다나카고이치, 자신은 경영하는 생각의 기술』, 스테디북.
4. 이와자와 아키라 지음, 김지룡 옮김, 『승부에 강해지는 게임의 법칙』, 이다미디어, 2003.
5. 보스턴컨설팅그룹 전략연구소 편저, 『전쟁과 경영』, 21세기북스, 2001.
6. 마쥔 지음, 임홍빈 옮김, 『손자병법 교양 강의』, 돌베개, 2009.
7. 타케다 요이치 지음, 정성호 옮김, 『약자가 강자를 이기는 15원칙』, 삼양미디어, 2002.

외국도서(서양 번역서)

1. Carl von Clausewitz 지음, 김만수 옮김, 『전쟁론 제1권 Vom Kriege』, 갈무리, 2007.
2. Clayton M. Christensen 지음, 노부호 외 옮김, 『성공기업의 딜레마 The Innovator's Dilemma』, 모색, 1999.
3. Clayton M. Christensen and Michael E. Rayon 지음, 딜로이트컨설팅코리아 옮김, 『성장과 혁신 The Innovator's solution』, 세종서적, 2005.
4. Daniel Nettle 지음, 김상우 옮김, 『성격의 탄생 Personality; what makes you the way you are』, 와이즈북, 2009.
5. Don Tapscott and Anthony D. Williams 지음, 김현정 옮김, 『매크로위키노믹스 Macrowikinomics』, 21세기북스, 2011.
6. Edward J. Larson 지음, 이충 옮김, 『진화의 역사 Evolution; the remarkable history of a scientific theory』, 을유문화사, 2006.
7. Gary Hamel 지음, 권영설·신희철·김종식 옮김, 『경영의 미래 The Future of Management』, 세종서적, 2009.
8. Gary Klein 지음, 은하랑 옮김, 『의사결정의 가이드맵 Source of Power; how people make decision』, 제우미디어, 2005.

9. Gerd Gigerenzer 지음, 안의정 옮김, 『생각이 직관에 묻다 Gut Feelings』, 추수밭, 2007.
10. Gregory Berns 지음, 김정미 옮김, 『생각의 틀을 깨고 최초가 된 사람들 아이코노클라스트 Iconoclast: A neuroscientist reveal how to think differently』, 비즈니스맵, 2009.
11. Howard Gardner 지음, 임재서 옮김, 『열정과 기질 Creating Minds』, 북스넛, 2005.
12. Jay, B. Barney and William S. Hesterly 지음, 신형덕 옮김, 『전략경영과 경쟁우위 Strategic Management and Competitive Advantage Concept and Cases』, 시그마프레스, 2007.
13. Jaynie Smith 지음, 이동현·김필현 옮김, 『이기는 기업에는 경쟁우위가 있다 Creating Competitive Advantage』, 리더스북스, 2007.
14. Joseph Cummins 지음, 채인택 옮김, 『별난 전쟁 특별한 작전 Turn around and run like hell; amazing stories of unconventional military strategies that worked』, 플래닛미디어, 2009.
15. Michael E. Porter 지음, 조동성 옮김, 『마이클 포터의 경쟁우위 Competitive Advantage』, 21세기북스, 2008.
16. Michael Useem 지음, 안진환 옮김, 『고 포인트 Go Point』, 한국경제신문, 2010.
17. Paul Sullivan 지음, 박슬라 옮김, 『클러치 Clutch』, 중앙books, 2011.
18. Robert Greene 지음, 안진환·이수경 옮김, 『전쟁의 기술 The 33 Strategies of War』, 웅진위즈덤하우스, 2007.
19. Thomas J. Vilod 지음, 안진환 옮김, 『성공명언 1001 1001 Motivational Quotes for Success』, 샘앤파커스, 2006.
20. T.N. Dupuy 지음, 최종호·정길현 옮김, 『패전분석 Understanding defeat; How to recover from loss in battle to gain victory in war』, 삼우사, 2000.
21. William Dugan 지음, 윤미나 옮김, 『제7의 감각-전략적 직관 Strategic Intuition; The creative spark in human achievement』, 비즈니스맵, 2008.
22. William Powers 지음, 임현경 옮김, 『속도에서 깊이로 Hamlet's BlackBerry』, 21세기북스, 2011.

기타 인터넷 기사 및 자료

1. 〈대단한 능력을 가진 생명체〉, 서울경제(2011.5.25), 중앙일보(2011.6.11)
2. 〈'굴삭기의 달인 김병만', 그 속에 담긴 눈물겨운 사연〉, 스포츠조선(2011.6.13)

3. 〈살림 비즈니스로 억만장자가 된 마사 스튜어트〉, 한국경제(2011.6.15)
4. 〈마스카와 도시히데〉, 한겨레신문(2011.4.12)
5. 〈뽀로로 대통령〉, 최종일 아이코닉스 대표이사 특강(2011.6.15)
6. 〈지구를 지배하는 또 하나의 사회, 개미〉, 아이디어 팩토리 교육과학기술부 블로그
7. 〈정신가출증후군〉, 메디컬투데이(2011.6.23)
8. 〈부매랑 효과, 평판조회〉, 세계일보(2010.6.20)
9. 〈메디컬 일러스트레이트〉, 중앙일보(2011.6.24)
10. 〈에프킬라 vs 삼성킬라〉, 매일경제신문(2004.11.30), 파워브랜드는 고객 마음속에 느낌을 심는다, http://boundless.tistory.com/1090(2007.7.20)
11. 〈도덕과 감정〉, 한국경제 메디컬포커스(2011.3.16)
12. 〈차범근의 광기〉, 차범근의 ⓒ 로그(2011.5.25)
13. 〈김승남 성공기〉, 매경이코노미스트 제1608호(2011.6.1)